HET NAAKTI

Voor Jaetan,

met de wens
dat dit boek
je inspireert
en tot het
schrijven van
mooie stukken
aan zal moedigen

liefs xxx
Len

Nirav Christophe

Het naakte schrijven

Over de mythen van het schrijverschap

Uitgeverij L.J. Veen Amsterdam/Antwerpen

Voor Daniela

Omslagontwerp: Toni Mulder
Omslagfoto: *De zittende schrijver*. Beschilderd kalkstenen beeldje gevonden bij Sakkara, Egypte, uit de vierde dynastie (tussen ong. 2620 en 2500 voor Chr.)

ISBN 90 204 0260 9
D/2003/0108/841
NUR 323/624

www.boekenwereld.com

'... je moet verder, ik kan niet verder, je moet verder, ik ga verder,
je moet woorden zeggen, zolang er woorden zijn,
tot de woorden mij vinden, tot ze mij zeggen:
vreemde pijn, vreemde zonde,
misschien is het al gebeurd, misschien hebben ze mij al gezegd,
misschien hebben ze mij tot aan de drempel van mijn verhaal
gedragen, tot voor de deur die op mijn eigen verhaal uitkomt,
dat zou me verbazen, als hij opengaat,
het zal ik zijn, het zal de stilte zijn, waar ik ben,
ik weet het niet, ik zal het nooit weten, in de stilte weet je het niet,
je moet verder, ik kan niet verder, ik ga verder.'

Samuel Beckett, *The Unnamable* (1958)

Inhoud

Voorwoord

Schrijvers zijn geniaal. Een rijk gevoelsleven wordt omgezet in een authentiek spannend verhaal met een heldere stijl, een complexe meerlagige structuur en een wijze hedendaagse thematiek.

Vanuit deze romantische opvatting creëren schrijfopleidingen, -cursussen en -boeken mythen over het schrijverschap, die een auteur opzadelen met de meest onmogelijke opdrachten: een beetje schrijver is natuurlijk volstrekt origineel, gaat subtiel en vakmatig te werk en is zeker niet oppervlakkig of flauw, maar wijs en onpeilbaar diepzinnig.

De afgelopen tien jaar heb ik beginnende en gevorderde auteurs lesgegeven in literair schrijven. Dat liep van een individuele begeleiding van een paar uur via een cursus van acht avonden tot een opleiding van vier jaar. Tot mijn verbijstering bleken veel schrijfblokkades, -beperkingen of -problemen op alle mogelijke niveaus terug te voeren op deze mythen.

Het centrale idee van dit boek is dat veel schrijvers gehinderd worden door de mythen van het schrijverschap en dat hun teksten beter worden wanneer ze zich daarvan bewust zijn. Mijn gedachten, voorbeelden en oefeningen zullen allemaal deze mythen stelselmatig trachten te ontkrachten om zo de auteur te deconditioneren.

Een hoofdstuk over hoe je bij andere teksten jat, sprokkelt en plundert voor je eigen teksten pakt bijvoorbeeld de mythe van originaliteit aan, en een hoofdstuk waarin technieken aan de hand worden gedaan om te schrijven zonder planning veegt de mythe van wijsheid en rationele genialiteit van tafel.

Het leeuwendeel van mijn voorbeelden komt uit de theaterpraktijk, maar mijn ideeën gelden voor alle literaire genres, aangezien in dit boek eerder het schrijfproces dan het schrijfproduct centraal staat en mythen, blokkades en mogelijkheden de genres overstijgen. Ik richt me daarbij wel nadrukkelijk op de schrijf- en theaterpraktijk van de laatste dertig jaar.

Tussen de hoofdstukken treft u ook enkele dramascènes aan, waarin oom Hein zijn neefje Jan leert schrijven. Ik probeer met deze scènes de voorafgaande hoofdstukken te illustreren, te nuanceren en te relativeren. Daarmee wil ik vooral voorkomen dat een andere mythe kans krijgt post te vatten, namelijk de mythe van de theorie, de mythe dat het schrijven eenvoudig terug te brengen is tot een serie vaste wetten of regels.

Bovendien geldt in mijn opvatting voor theorie en didactiek vaak hetzelfde adagium als voor literair schrijven: *Don't tell them, show them.*

Dit is een boek voor diegenen die het schrijven professioneel willen aanpakken en beoefenen. Het richt zich op literaire schrijvers op alle niveaus en van alle genres, die bereid zijn om zich als schrijver los te koppelen van hun geschreven tekst, om 'het ik aan stukken te slaan', zoals Bert Schierbeek het noemt.

1. Voorschrijven

De mythen van het schrijverschap

Onder ons gezegd
ik behoor tot de klassieken
weldra zal
wat tot nu toe alleen ons geheim is
wereldwijd bekend zijn
Mijn god
wat is Goethe mijn kind
weet je
dat ik alleen aan de Metternichscène
acht maanden heb gewerkt
Agathe heeft nooit begrepen
waarom ik me min of meer
acht maanden in mijn kamer heb opgesloten
gedurende deze tijd mij haar ontzegd heb mijn kind
Acht maanden alleen voor de Metternichscène
Kunst met een grote K
is een verschrikkelijk proces mijn kind[1]

Hoe schrijf ik een succesvolle roman? Hoe schrijf ik een filmscript *and sell it too*? Boeken die leren hoe je literaire teksten kunt schrijven, zijn 'in'. De titels buitelen in pretentie over elkaar heen. De ene belooft Hét Geheim van Dé Schrijver te onthullen, de andere legt zonder enige schroom een relatie tussen zen en de Kunst van het Creatief Schrijven. Tien tegen een dat binnenkort de *Tao van Toneelschrijven* het levenslicht zal zien.

Tegelijkertijd lijkt het idee dat je literair schrijven helemaal niet

1. Thomas Bernhard, *De Theatermaker*, Uitgave Balie/Theatercollectief Els Inc. Amsterdam 1992, vertaling: Jacques Peeters en Nirav Christophe, p. 50-51.

kúnt leren onuitroeibaar te zijn. Zelfs nu er in Nederland al zeker tien jaar opleidingen en vakscholen voor bestaan,[2] komt regelmatig als een oprisping de discussie naar boven of schrijven wel te leren valt. Die vraag wordt merkwaardig genoeg bij andere scheppende kunsten als componeren, schilderen, dansen of beeldhouwen zelden gesteld.

Het lijkt wel alsof juist het schrijvend kunstenaarschap een speciaal karakter heeft, waardoor het zowel een pedagogisch betuttelende (je kunt het leren) als ook een romantisch superieure houding (het is een van God gegeven talent) uitlokt. Terwijl schrijfboeken literair schrijven als een techniek kenschetsen, die natuurlijk te leren valt, worden in de media échte schrijvers aan ons gepresenteerd als kometen in het heelal van de geest, als sjamanen van onze tijd.

Wanneer de Servische oorlogsmisdadiger Karadjic een toneelstuk heeft vervaardigd, prijkt dat op de voorpagina. Ook paus Johannes Paulus II, de Tsjechische president Havel en dictator Benito Mussolini hebben drama geschreven. Dit is niet zozeer een bewijs voor de connectie tussen toneelschrijven en machtswellust (hoewel die hypothese niet bij voorbaat verworpen moet worden), maar eerder voor de buitensporige waarde die aan literair schrijven en fictieauteurs wordt toegekend.

Deze dubbele houding tegenover literair schrijven – 'jij kunt het óók; iedereen kan schrijven' én 'je kunt het níét; de echte schrijver verricht een wonder' – vertoont godsdienstige trekjes. Ook religie vertelt je vaak in één adem wat je moet doen om te leven zoals bijvoorbeeld Jezus dat deed én dat je dat natuurlijk nooit zult bereiken, want niemand kan zijn zoals Hij. In oosterse religies lost men deze kwestie al eeuwen op door een duidelijk onderscheid te maken tussen leraren en meesters: de meester toont je een glimp van het goddelijke en de leraar vertelt je wat je moet doen om het te bereiken. In het Westen verwarren we deze beide zaken en belanden we in een hopeloze paradox.

Net als godsdienst houdt ook de schrijfwereld met zijn interviews, recensies en cursussen die dubbele houding in stand door

2. Voor een kort overzicht zie hoofdstuk 10.

middel van een aantal vaste mythen, rituelen, en uitsluitingsmechanismen.

Allereerst is er de mythe van de *genialiteit*: een béétje schrijver is briljant; hij is een schepper van bovenmenselijke proportie. Deze mythe kent twee uitingsvormen: enerzijds bestaat die genialiteit uit een rationeel vakmanschap. Niet zelden wordt het schrijven dan met schaken vergeleken:[3] een proces van zoveel mogelijk vooruitdenken en gecompliceerde planning. De schrijver brengt op bijzonder doordachte en doorwrochte wijze themata en motieven aan in zijn werk. Het is een lang, taai proces. Edward Albee schreef in zeven jaar dertien totaal verschillende versies van zijn toneelstuk *The Zoo-story*, voordat hij zag dat het goed was.

Veel aspirant-schrijvers kijken zo de systeemkaarten van Harry Mulisch en de schema's van Alfabet van der Heijden aan, en de moed zakt hun in de schoenen: dit is te hoog voor mij, ik ben er te dom voor, ik kan niet schrijven.

Aan de andere kant kenmerkt genialiteit zich voor velen juist door de vondst, de inspiratie, de plotseling inval. Als je werkelijk talent hebt, komt het er in één keer uit, als een golf. Gerardjan Rijnders schreef het vermaarde toneelstuk *Liefhebber* in één nacht – dát is het echte werk.

Een hart van steen van Renate Dorrestein was 'een heerlijk boek om te schrijven, een boek dat me zogezegd kwam aanwaaien'.[4] En zo ontstaat bij de schrijver die in deze mythe gelooft het idee van

3. Zie bijvoorbeeld de tekst (en het omslag!) bij Thomas Rosenboom, *Aanvallend spel; vier lezingen over schrijven* (Querido, Amsterdam 2002, p. 43-61) en Rudolf Geel, *Volmaakte schrijvers schrijven niet; Over het scheppingsproces van literaire en andere teksten* (Amsterdam University Press, Amsterdam 1995, p. 7-10). Het gebruik van die parallellie wijst ook nog eens op een totaal onbegrip van het schaakspel. Het 'snuffelende, graaiende zien', zoals grootmeester Donner het schaken omschreef, past helaas niet in het clichébeeld van strenge logica dat Rosenboom en Geel bij het spel proberen op te roepen.

4. Renate Dorrestein, *Het geheim van de schrijver* (Contact, Amsterdam/Antwerpen 2000, p. 39).

het witte papier dat maar wacht en wacht op het aanwaaien. En als er niets komt aangewaaid of je te binnenschiet, dan moet er wel sprake zijn van een writer's block, die de stroom van het échte schrijven tegenhoudt. Ik heb geen inspiratie, geen ideeën, ik heb niet genoeg passie, ik heb geen talent.

Er bestaan aanwijsbare voorbeelden waar het romantische idee van het 'aanwaaien' door een schrijver zelf valselijk in de wereld is gebracht.

> Ik weet niet meer van welk beroemd gedicht Lamartine schreef dat het in hem opgeborreld was op een onweersnacht in een bos. Toen hij stierf werden de manuscripten ervan teruggevonden met de correcties en varianten, en ontdekte men dat dat gedicht misschien het meest 'doorwrochte' was van de hele Franse literatuur.[5]

Naast genialiteit is er de mythe van het *lijden*, de doorleefdheid. Hier wordt schrijven vaak vergeleken met baren: er moet voor het kunstwerk een pijnlijk offer worden gebracht. Het kost de schrijver zijn nachtrust, zo niet zijn relatie, maar hij kan niet anders.

En als het even kan, moet ook de jeugd van de schrijver een lijdensweg geweest zijn. De tekst wordt dan gezien als de weerslag van een doorleefd lijden. Dit leidt tot de curieuze opvatting dat je als danser of violist meteen in je kinderjaren moet beginnen, maar dat je literair schrijven maar beter niet op te vroege leeftijd kunt gaan beoefenen of leren. Ik herinner me een schrijfdocent die een schrijfopleiding op hbo-niveau met achttienjarigen na hun middelbare school stuitend vond, aangezien je voor fatsoenlijk schrijven toch aan minimaal één sterfbed moest hebben gezeten. Ik heb niets meegemaakt, ben niet misbruikt in mijn jeugd, noch gebukt gegaan onder een dictatoriaal buitenlands regime – ergo: ik ben geen schrijver, geen echte.

De derde mythe is *wijsheid.* Op de middelbare school vragen we de leerlingen jarenlang na het lezen van literatuur wat de schrij-

5. Umberto Eco, naschrift bij *De naam van de Roos* (Bert Bakker, Amsterdam 1990 (1980)), p. 528.

ver eigenlijk bedoelde. 'Er staat niet wat er staat,' wordt ons met de dichter Martinus Nijhoff ingeprent. Bij een goede schrijver zit er altijd nog iets achter, een laag onder, en onder, en dáár weer onder, en onder die alleronderste laag zit dan vast en zeker nog een laag. Daarom vinden we 'veelbelovend' bij een schrijver ook een compliment en geen kritiek: er zit nog iets in, maar het is nog niet aan de oppervlakte gekomen. Een goede literaire tekst is dan ook meerlagig en veelomvattend tegelijk:

> *De slinger van Foucault* is een filosofisch bouwwerk, een boek over boeken, over taal en geschiedenis, het is een zeer fijnzinnige psychologische roman met soms verbazingwekkend frivole erotische passages, daarbij vaak ook nog heel humoristisch en heel spannend.[6]

Onder dit juk van diepzinnigheid gaat menig schrijver gebukt. Platte, oppervlakkige, melige ideeën of teksten worden al verworpen nog voordat ze op papier staan, en grote delen van het geheugen worden als onbruikbaar voor het schrijven beoordeeld omdat ze te triviaal lijken te zijn. Maar in de nacht kriebelt de nietzscheaanse gedachte: misschien, heel misschien is diepte óók een mythe en bestaat er niets dan oppervlakte.

Vervelend gevolg van de mythe van wijsheid en diepzinnigheid is in elk geval dat een tekst niet te vermakelijk mag wezen, want vermaak is plat. We vergeten dan maar al te graag dat vermaak een van de pijlers was waarop al volgens de antieke retorica het succes van een taaluiting berust.

De vierde grote mythe is *originaliteit.* Een echte schrijver verzint iets totaal nieuws. Van Cicero tot Stephen King wordt weliswaar al sinds mensenheugenis benadrukt hoe belangrijk het is om goede voorgangers stilistisch te imiteren[7], maar bij beginnende schrij-

6. Henk Pröpper in *NRC Handelsblad* over de roman *De slinger van Foucault* van Umberto Eco. Met dit citaat wordt het boek op het achterplat ook aanbevolen.

7. Stephen King in *On Writing*; zie David Rijser, 'Spreken is goud', *NRC Handelsblad*, 13 april 2001.

vers kom ik daar, juist door de mythe van originaliteit, vooral panische angst voor tegen.

Ook het letterlijk gebruiken van andermans teksten voor en in je eigen schrijven stuit op weerzin. Het wordt dadelijk synoniem met plagiaat, en dat is zo ongeveer de ergste zonde in het literatuurbedrijf, zoals Adriaan van Dis, Ilja Leonard Pfeijffer en vele anderen mochten ervaren.

Deze mythe leidt tot een overidentificatie van de schrijver met wat hij of zij geschreven heeft: het is míjn idee, het is míjn tekst. Dat laatste zou wel eens de reden kunnen zijn waarom schrijvers zo moeilijk objectief, 'belangeloos'[8] (of bij drամateksten 'dramaturgisch') naar hun eigen tekst kunnen kijken of kritiek kunnen verwerken. Blijf van mijn tekst af, hij is van míj.

Naast deze vier mythen – genialiteit, lijden, wijsheid en originaliteit –, die het fundament vormen voor de stelling dat schrijven niet te leren is, bestaat er uiteraard ook de mythe dat schrijven wél te leren is, en dan op een rechtlijnige, logische, lineaire, bijna wiskundige manier.

In die mythe spreekt men over basisprincipes, handboeken[9] en 'Vuistregels voor boven de schrijftafel'.[10] Schrijven kent dan een

8. De term is van Stephen King.

9. In elke taal en elk genre wordt het begrip 'handboek' gebruikt om de leerbaarheid van het schrijven te benadrukken. Er bestaan bijvoorbeeld in Nederland een *Handboek voor het schrijven van gedichten* van Ankie Peypers en Kathinka van Dorp (Stichting IVIO, Lelystad 1996) en een *Handboek Scenarioschrijven* van Patrick Cattrysse (Leuven/Apeldoorn 1995). Ook het recent verschenen boek van Ger Beukenkamp, *De verborgen schrijver; schrijven voor toneel, film en televisie* (IT&FB, Amsterdam 2003) afficheert zich als handboek.

In Duitsland is er het boek *Schule der Autoren; ein Handbuch der Dicht- und Schreibkunst* (Reclam, Leipzig 2000). In Engeland heeft uitgeverij A&C Black in Londen een heel fonds van schrijfboeken in de serie *Writing Handbooks.* Je kunt er horror leren schrijven, thrillers, reisverhalen of erotische verhalen, het wordt steeds een 'handboek' genoemd.

10. Claire Hülsenbeck, *Rhett Foley het gereedschap; dertien lessen voor beginnende schrijvers* (Gottmer, Bloemendaal 1997), p. 3.

aantal vaste toverformules,[11] die aan de basis liggen van Het Geheim[12] van De Schrijver. Het creatieve proces krijgt aldus de mythe van een IKEA-bouwpakket, het invullen van een format. Veel van de cursussen *creative writing* aan Amerikaanse universiteiten zijn op deze mythe gebaseerd.

Met al deze mythen wordt het literair schrijven dus zorgvuldig in één overkoepelende religieuze mythe geplaatst: de schepper/schrijver is de eerste en enige god (hij is volstrekt origineel), hij lijdt voor zijn schepping, heeft macht over de materie (hij gaat subtiel en vakmatig te werk) en zijn wegen zijn ondoorgrondelijk (hij is niet oppervlakkig, maar onpeilbaar diepzinnig).

Begrijp me goed, ik wil niet beweren dat een tekst niet doorleefd, geniaal, doorwrocht, wijs of origineel kan zijn, maar alleen dat de aanname dat een goede tekst al die kenmerken moet bezitten de schrijver snel doet verkrampen in zijn aanpak, zijn ideeën en zijn stijl. Mijn ervaring is dat iemand het schrijven beter en sneller leert door consequent deze mythen en de identificatie met zijn tekst af te breken dan door wetten, weetjes en wijsheden tot zich te nemen.

Bovenstaande mythen hebben natuurlijk niet alleen directe invloed op het literaire schrijven, maar ook op de manier waarop dat wordt onderwezen en overgedragen. De meeste cursussen, boeken en opleidingen doen nogal geheimzinnig over hoe schrijvers eigenlijk te werk gaan wanneer ze schrijven, hoe het zogeheten schrijfproces in hun hoofd plaatsvindt. Je kunt wel opdrachten geven en de teksten die daaruit komen met elkaar bespreken, maar je kunt blijkbaar nauwelijks iets zeggen over hoe die teksten tot stand komen.

Er wordt gedaan alsof er over dat proces van het schrijven weinig bekend is, maar dat is helemaal niet zo. Er is enorm veel on-

11. Dorothea Brande, *Schriftsteller werden; der klassiker über das Schreiben und die Entwicklung zum Schriftsteller* (Autorenhausverlag, Berlijn 2002 (1934!)), p. 117 vv.

12. Jon Franklin, *Writing a Story* (Penguin Books, New York 1994 (1986)), p. XV, en natuurlijk *Het geheim van de schrijver* van Renate Dorrestein.

derzoek gedaan naar hoe schrijvers ideeën verzamelen, hoe ze hun tekst woord voor woord opbouwen, van versie naar versie verbeteren, en wat er gebeurt als ze vastzitten,[13] maar bij de mythe van het schrijven schijnt nu eenmaal te horen dat het helemaal niet opgevat wordt als een proces. Zoals de Franse filosoof Roland Barthes al zei: de geschiedenis van het boek is in onze hedendaagse cultuur altijd een schrijver. De auteur is de oorsprong, de oorzaak en het verleden van het boek.

We zien tegenwoordig in interviews dat de schrijver bij het uitkomen van zijn boek voornamelijk vragen krijgt over zijn persoon (de mythe van het lijden: Connie vertelt wel over Ischa, maar niet over haar roman *I.M.*), af en toe over de tekst zelf (mythe van de diepzinnigheid: Harry praat over de lijnen en lagen in zijn oeuvre), en zelden over zijn of haar schrijfproces.

Boeken over schrijven zijn vanuit deze gedachte in twee categorieën in te delen.

De eerste groep kenmerkt zich door de dubieuze didactische aanname dat je, wanneer je weet hoe iets in elkaar zit, het dan zelf ook kunt maken. Talloze boeken over scenarioschrijven, toneelschrijven en prozaschrijven zijn daar voorbeelden van. Er wordt voorgeschreven hoe een goede plot is opgebouwd (meerlagig!) of waaraan een goed personage voldoet (diepte!), maar zelden staat beschreven *hoe* je dat moet doen, op welke wijze je bijvoorbeeld diepte aanbrengt bij een personage. Men verwacht dat je door producten te analyseren automatisch leert hoe een proces in elkaar zit. Wel kunnen sommige van deze productanalyses bijzonder verhelderend en nuttig zijn. Op prozagebied is *The Art of Fiction* van David Lodge (1993) onovertroffen, en toneelschrijvers gebruiken nu nóg Lajos Egri's heldere *The Art of Dramatic Writing* uit 1946, en op poëziegebied vind ik *Vers-*

13. Dat kan variëren van een zwaar wetenschappelijke verhandeling (*Understanding Writing blocks* van Keith Hjortshoj, Oxford University Press, New York/Oxford 2001) tot een kubusvormig hebbedingetje met 786 oefeningen om weer aan het schrijven te komen (Jason Rekulak, *The Writer's Block*, Running Press Philadelphia 2001). Zie voor een overzicht van de literatuur over schrijven hoofdstuk 10.

vormen; Leesbaar handboek van Drs. P (2000) een aanrader.

Deze boeken liggen eigenlijk meer op het gebied van de literatuurbeschouwing en zijn voor schrijfdidactiek wellicht iets te beperkt. Dat is met name merkbaar waar de analyse overgaat in aanwijzingen, regels en tips voor het schrijven. Niet zelden ontstaat er dan opeens een toon die ik ook bij slechte theaterregisseurs en dramaturgen heb aangetroffen: je geeft in je aanwijzing het doel aan en nooit het middel om er te komen. De regisseur zegt: 'De scène moet leuker, je personage heeft nog geen kloten', maar geeft niet aan hoe je dat dan doet. Het wordt dan snel een naïeve didactiek met cirkelredeneringen en nietszeggende tips:

> Voor de ideale lengte van een geschrift geldt de basisregel: een tekst die zich met plezier laat lezen, moet zijn *natuurlijke lengte* hebben. Die lengte ontstaat vanzelf als je niets overbodigs schrijft, maar ook niets weglaat van wat voor de lezer onmisbaar is.[14]

Hoe bepaalt een mens de natuurlijke lengte, hoe bepaal ik in een tekst wat overbodig dan wel onmisbaar is?

> De ideale zin – ik heb het al gezegd – is die waarin elk woord het enige juiste is.[15]

Natuurlijk is in de ideale zin elk woord het enig juiste, maar hoe selecteer ik dat juiste woord?

> Tips voor het schrijven van een hoorspel:
> 1. Kies een onderwerp dat geschikt is om in geluid te vertellen (...)
> 2. Gebruik niet te veel tekst (...)[16]

14. Bert Reesinck, *Schrijven voor je plezier* (Sdu Uitgevers, Den Haag 1996), p. 19.
15. Bert Reesinck, *Schrijven voor je plezier* Sdu Uitgevers Den Haag 1996), p. 50.
16. Kitty Peetom, 'Luisterschrijven', in *Schrijven*, jrg. 4, nr. 6, dec. 2000/jan. 2001, p. 23.

Ja, dank je de koekoek. Niemand wil te veel tekst gebruiken, maar ten opzichte van wat? Moet ik van elke vijf zinnen er vier schrappen of maar één? En welke dan? En waarom?

Vuistregel voor boven de schrijftafel:
7. Als de personages leven, schrijft het verhaal zichzelf.[17]

Ja, ik wil ook wel dat mijn personages leven, maar hoe doe ik dat? Hoe laat ik ze levend een trap af lopen? Hoe bestellen ze levend koffie? Hoe? Hoe?

De tweede categorie boeken over schrijven is die waarbij de mythe van de geniale schrijver alle ruimte krijgt: er wordt een mysterieus proces gepresenteerd dat nauwelijks aangeleerd kan worden, maar naar het geheim waarvan wij ademloos op kunnen kijken. De auteur, zelf een ingewijde in dit esoterische gebeuren, plaatst zich dan prominent op de cover, met het corpus delicti in de hand geklemd: géén computer, maar een kroontjespen, icoon van eeuwenoude wijsheid.

Deze categorie boeken spreekt te pas en te onpas over wat een 'echte' of 'goede' schrijver 'moet' doen om een 'goede tekst' te schrijven, en gebruikt veelvuldig het woord 'talent' of synoniemen ervan,[18] met name daar waar het proces de auteur boven zijn pet gaat, of waar teksten prachtig zijn, terwijl ze helaas niet beantwoorden aan de door hem of haar opgestelde regels:

17. Claire Hülsenbeck, *Rhett Foley het gereedschap; dertien lessen voor beginnende schrijvers* (Gottmer, Bloemendaal 1997), p. 3.
18. Zie bijvoorbeeld Dorothea Brande in haar boek *Schriftsteller werden; der klassiker über das Schreiben und die Entwicklung zum Schriftsteller* (Autorenhausverlag, Berlijn 2002 (1934)). Zij schrijft: 'Het bewuste schrijven kan veel, maar het kan je noch genialiteit geven, noch talent, dat zo nauw met genialiteit verwant is' (p. 114, vertaling van mij, NC). Aan de ene kant houdt ze voortdurend een terecht pleidooi om niet te veel te denken en bewust te plannen tijdens het schrijven, maar in plaats van het alternatief daarvoor te onderzoeken, gaat ze het mystificeren en noemt ze het 'talent' en 'genie'.

> Things *must* happen. In fact, *every scene must move the action on.* To fail to observe this rule is to put intolerable strain upon the dialogue. If nothing happens, (...) all we are left with is the dialogue. (...) There are, in fact, examples of exactly that. In Alan Bennett's *Talking Heads*, all we are given is the talking heads of the title, but the characterisation and story-telling are so *brilliant* that we need nothing more. In Dylan Thomas' *Under The Milk Wood*, too, there is very little development – it is little more than a great picture of a village... but *what* a picture! The fact is, though, that few of us have the abilities of an Alan Bennett or a Dylan Thomas, yet to write succesful scripts in which almost nothing happens requires nothing less. *Mere mortals* are far safer with other approaches.[19]

Toegegeven, ook deze categorie boeken kent voorbeelden die stimulerend en inspirerend zijn. In de Nederlandse taal zijn de essays van Gerard Reve over schrijven een schitterend voorbeeld. Zijn stijl is zo weergaloos ironisch dat wanneer hij de mythe van de schrijver hanteert, die in elke regel weer ontkracht wordt. Zo grijpt ook hij vaak terug op het begrip 'talent', die 'geschonken en niet te verwerven gegevens van het schrijverschap',[20] maar als hij daarover schrijft:

> Het leven kan hard zijn. Wonen er in hart en hoofd van de Godheid alleen maar liefde en gerechtigheid? Ik wil die vraag liever niet beantwoorden. Er zijn mensen zonder talent die als ware duivels of duivelinnen een levenslange terreur in de wereld van de kunst weten uit te oefenen, het eigen leven maar meestal uitsluitend het leven van anderen tot een lijdensweg en een puinhoop makend, en er zijn ook lieve, gulle, barmhartige mensen die het zonder talent blijven proberen en vol-

19. Rib Davis, *Writing Dialogue for Scripts* (A&C Black, Londen 1999 (1998)), p. 58.
De buitenlandse citaten heb ik laten staan in hun oorspronkelijke taal. Ik geef alleen een Nederlandse vertaling wanneer dat mij voor de begrijpelijkheid van de tekst noodzakelijk lijkt.
20. Gerard Reve, *Zelf schrijver worden* (OKW, Leiden 1986), p. 29.

houden, en die men gaarne dat talent zoude gunnen,[21]

dan durft geen mens het woord 'talent' nog serieus in de mond te nemen.

Ik wil niet meteen over schrijven hetzelfde beweren als wat Herman Brood over rock-'n-roll zegt, namelijk dat je het iedereen in vijf minuten kunt leren. Schrijven is misschien niet eenvoudig, maar wie zegt dat het een mysterieus proces is, heeft het mis.

Een manier om het mysterie in stand te houden is de gewoonte om over de tekst als geheel te spreken, en en niet over onderdelen ervan. Elke tekst, elk meesterwerk is opgebouwd uit de kleinste eenheden, uit 'zandkorrels die uitgroeien tot een universum'.[22] Het verbaast me dat boeken over schrijven vrijwel altijd gaan over hele romans, volledige toneelstukken of voltooide gedichten. Bij mijn bezoek aan toneelschrijfopleidingen in de Verenigde Staten viel me op dat de studenten bij de start van hun opleiding de opdracht kregen direct binnen zes weken een afgeronde eenakter te schrijven – hoe langer, hoe beter. Nog voordat ze de dramatische kracht van een zin, een handeling of een stukje dialoog beheersten, werden ze al geacht een heel stuk te kunnen schrijven. Die teksten werden dan ook altijd op overkoepelende aspecten nabesproken. Het ging voortdurend in het algemeen over de hele spanningsboog of het hele personage, maar zelden over momenten of zinnen. De discussies over de tekst werden op die manier eerder een gesprek over psychologie of wereldbeeld dan over concrete dramatische techniek. Aanwijzingen voor een volgende versie gaven dan automatisch het doel aan en nooit het middel om er te komen.

Ik zal werken vanuit de kleine eenheden, de gebeurtenis, het moment, het gesprek, de monoloog. Mijn ervaring is dat bespreking daarvan veel concreter en tastbaarder is dan bij overkoepelende aspecten, met name omdat heel direct de werking en het

21. Gerard Reve, *Zelf schrijver worden* (OKW, Leiden 1986), p. 27.
22. Salman Rushdie over zijn 'beslissende boek', *Ulysses* van James Joyce, in *NRC Handelsblad*, 17 augustus 2002.

effect van een moment kunnen worden aangeduid. Het is relatief eenvoudig om te zien waarom een grap niet werkt, maar praktisch ondoenlijk aan te geven waarom een conference of een cabaretier niet leuk is.

Deze werkwijze vanuit de kleine eenheden kan ook ingezet worden om grotere structuren, verhalen en personages te 'bouwen'. Ik zal in dit boek vooral de werkwijze in zijn kortste en eenvoudigste vormen uiteenzetten.

Dit boek over schrijven richt zich op levende taal. Op gevaar af een leeg begrip te introduceren – niemand wil géén levende taal; is het niet gewoon het zoveelste synoniem voor 'goede teksten'? – bedoel ik met 'levende taal' directe taal, vaak spreektaal, waarvan de dramatische en literaire werking vrijwel onmiddellijk getoetst kan worden. Voor die keuze bestaat een aantal redenen, die het begrip 'levende taal' wellicht zullen verduidelijken.

Als we de retorica van het schrijven in onze tijd bekijken, de manier waarop teksten geschreven en gewaardeerd worden, valt het op dat daarin schijnbare improvisatie en spontaniteit de doorslag lijken te geven voor succes. Dit was tot nog toe het terrein van het gesproken woord, maar sluipt de laatste jaren duidelijk en onweerstaanbaar het schrijven en de literatuur binnen.

Een van de redenen daarvoor is de invloed van de nieuwe media. In hoofdstuk 8 laat ik zien hoezeer ons schrijven door de computer steeds meer het karakter van spreken krijgt. Het duidelijkste voorbeeld is het verschil tussen de brief en de e-mail. In e-mails doen we bijna alsof we praten: we laten spelfouten staan en vergeten aanhef of opbouw. Vaak sturen we de tekst die ons werd gezonden mee terug naar de afzender, niet zelden voorzien van commentaar. We reageren voortdurend op elkaar, en juist dat laatste is een typische eigenschap van spreken. In het spreken ontstaat, in tegenstelling tot schrijven, een betekenis of samenhang niet door iets te poneren, maar door te reageren op een ander. Als iemand mij in een gesprek mijn mening vraagt over een probleem, heb ik die zelden, maar ontstaat ze tijdens het praten en het luisteren, en niet vooraf.

Toen Jan Blokker 'de fluim van Fortuyn', het beruchte *Puinhopen van acht jaar paars*, besprak, zei hij:

> Ik trok de conclusie dat we hier niet zozeer met een schrijver als wel met een spreker te maken hebben. Niet dat je het ene hoger hoeft aan te slaan dan het andere natuurlijk. (...) Maar er is wel een verschil.[23]

Spreken is in dit geval volgens Blokker achter elkaar dingen roepen, en schrijven een veel bedachtzamer proces.

> Schrijven is pas letterlijk een blad voor je mond nemen, en om die reden misschien een stuk verstandiger of defensiever of voor mijn part zelfs bangelijker dan achter mekaar dingen roepen.[24]

Het gaat er niet om het spreek-schrijven van Fortuyn te propageren, maar het is mijns inziens nuttig voor iemands schrijfontwikkeling om te zien hoe inzicht in de retorica van de levende taal kan helpen bij het literair schrijven, hoe we in het schrijven de verworvenheden van het spreken met de bedachtzaamheid van het schrift kunnen combineren.

Die retorica van levende literatuur beschouwt taal in de eerste plaats als een lichamelijke uiting. In een schitterend artikel over *virtual reality* en literaire verbeelding geeft de Engelse cultuurfilosoof George Steiner aan dat volgens hem de romancultuur op zijn einde loopt, maar dat het schrijven zich juist vanuit zijn directe lichamelijkheid met de kenmerken van vroegere mondelinge overlevering verder zal ontwikkelen.

> Dit is een tijd van grote dichters, en er zullen er nog vele komen, die zullen werken met muziek, toneel, dans en nog ongedachte vormen die teruggrijpen op de oorsprong van de poëzie in het oude Griekenland, voor zover wij die kennen. Poëzie impliceert alle mogelijke vormen van theater (...) en dat wil ik graag meemaken.[25]

23. Jan Blokker in *de Volkskrant*, 25 maart 2002.
24. Jan Blokker in *de Volkskrant*, 25 maart 2002.
25. George Steiner, 'Talent en technologie', in *NRC Handelsblad*, 18 mei 1996.

Het is niet verrassend dat deze ontwikkeling juist bij veel hedendaagse toneelschrijvers, zoals Peter Verhelst, Ramsey Nasr en Arne Sierens, duidelijk terug te vinden is.

Een mooi prozavoorbeeld van levende taal is de roman *Een soort Engeland* van Robert Anker, winnaar van de Libris-literatuurprijs 2002. Het boek handelt weliswaar over een toneelspeler, maar het valt op dat het bijna als spreektaal geschreven is. Sommige monologen en dialogen zijn direct als dramateksten weergegeven en bij veel teksten is de spreektaal helemaal in de vertelstijl opgenomen:

> Plekker moet meteen weg, hij zal schrijven. En Maria, Wat vond Maria ervan? Maria, waar ben je? Wat vond je? Maria vond het geweldig, echt geweldig jongens, ik ben trots op jullie en zij omhelst ze alle vier. Jij ook geweldig, stompt ze Adje aan. Oké, maar nu echt Maria, wat was er niet goed? Geen Stanislavski, toch?[26]

Hetzelfde procédé zien we ook in de roman *City* van de Italiaanse schrijver Alessandro Barrico uit 1999: hoofdstukken proza die zich als monologen of directe dialogen laten lezen.

Deze schrijvers hebben die stijl natuurlijk niet uitgevonden – denk maar aan de romans van Louis Ferdinand Céline of Thomas Bernhard –, maar we zien desondanks steeds vaker dat schrijven doordrenkt raakt van levende spreektaal.

Het zal u niet verbazen dat vanuit deze gedachte over de ontwikkeling van het hedendaagse schrijven dit boek vooral zijn heil zal zoeken bij voorbeelden die betrekking hebben op dramatische teksten. 'Dramaschrijven' is de verzamelnaam van het schrijven van al die teksten die pas bestaan wanneer ze uitgesproken of opgevoerd zijn, zoals toneelstukken, televisiedrama's, hoorspelen (ja, ze zijn er nog!), libretti, interactieve scenario's enzovoort. Het zijn zogeheten 'halfproducten', die nog afgemaakt moeten worden door acteurs, regisseurs, vormgevers en anderen.

Het grootste deel van mijn voorbeelden is afkomstig uit dra-

26. Robert Anker, *Een soort Engeland* (Querido, Amsterdam 2001), p. 53.

matische teksten, niet alleen omdat dat mijn eigen schrijfpraktijk is, maar ook omdat juist daar de spreektaal en levende taal centraal staan. Bovendien hebben juist dramaschrijvers, die elke dag meemaken dat anderen aan hun teksten zitten, ze veranderen, ze interpreteren en vormgeven, wellicht de nodige ervaring en inzicht in het loslaten en afstand nemen van de eigen tekst, en daarmee van de mythen van het schrijven. Dit laatste zou wel eens de reden kunnen zijn dat van schrijfopleidingen in binnen- en buitenland dramaschrijfopleidingen een onevenredig groot deel uitmaken: alsof het makkelijker is om over dramaschrijven en het proces ervan te spreken dan over proza of poëzie. Het is in dit kader ook niet verrassend dat de mythe van het schrijverschap er de laatste decennia voor zorgt dat juist theaterteksten vaak niet als échte literatuur worden beschouwd.[27]

In mijn denken over schrijven ben ik vooral schatplichtig aan de Franse filosofen Michel Foucault en Roland Barthes. Foucault inspireert me steeds weer met zijn inaugurale lezing *De orde van het spreken*,[28] waarin hij mijns inziens op briljante wijze uiteenzet hoe er in onze maatschappij in de praktijk van het schrijven en het spreken (hij maakt daar geen onderscheid tussen) een dwang wordt uitgeoefend, waardoor de praktijk ervan (dat wat ik het schrijfproces noem) beknot wordt. Immers, nog voordat we een woord gezegd of geschreven hebben, voelt het al alsof we sommige dingen niet mógen schrijven, of bepaalde uitspraken taboe zijn, of bepaalde teksten al gecensureerd zijn voordat ze geschreven worden. De door Foucault opgesomde dwang en verboden sluiten nauw aan bij de in deze inleiding door mij genoemde mythen, die het schrijfproces vervormen en de schrijver in spe doen verkrampen.

Foucault noemt drie soorten uitspraken die de maatschappij verbiedt:

27. Zie het artikel van Stefan Hertmans, 'Acteur versus auteur', in *Het putje van Milete* (Meulenhoff, Amsterdam 2002), p. 211-230.
28. Michel Foucault, *De orde van het spreken* (Boom, Meppel/Amsterdam 1988). De lezing is van 1971.

1. zinloze uitspraken

We accepteren alleen teksten die 'bij volle verstand' geschreven zijn. De uitroepen van Nietzsche in het gesticht beschouwen we niet als onderdeel van zijn filosofie, en teksten van geesteszieken geven we liever niet uit.

2. uitspraken zonder wil tot waarheid

We mogen niet 'zomaar wat' zeggen of schrijven. We horen serieus en consistent te zijn. Het kan niet dat Balkenende verklaart dat wat hij gisteren in de regeringsverklaring geschreven heeft eigenlijk deels een grapje was.

3. toevallige uitspraken

Elk woord is een schepping van een auteur en moet voldoen aan de 'eis' van de discipline of van het genre. Hoe vaak hoor ik niet: 'Zitten er geen personages in je stuk? Ja, sorry hoor, maar dát is geen toneel!'

In die drie verboden zijn mijn mythen van diepzinnigheid, rationele genialiteit en wijsheid te herkennen. Zijn boeken over schrijven wellicht daarom zo pretentieus en gewichtig, vol wetten en vuistregels: om maar vooral geen zinloze, toevallige uitspraken te doen?

Foucault noemt drie manieren om deze verboden te lijf te gaan en te ontmaskeren, om op die manier 'vrijer' te kunnen schrijven en praten. Deze manieren klinken nogal ingewikkeld en abstract, en ze zijn naar mijn mening nooit eerder concreet in een schrijfdidactiek vertaald. Dat zal ik in dit boek proberen te doen.

Allereerst wijst Foucault op de *gebeurtenis*. Wanneer je wilt ontkomen aan de dwang om iets waars en iets betekenisvols te moeten schrijven of zeggen, kan dat het best door veel meer aandacht te schenken aan 'toevallige' gebeurtenissen.

In mijn werkwijze is de kern van de gebeurtenis het korte moment. Het moment van de klap, de keuze, de omslag, de pointe, de dood; het moment dat precies aan te wijzen is en direct effect sorteert. Het moment is nadrukkelijk níét het voorbeeld van een groter geheel.

Als een personage sterft, kun je je afvragen waarom. Die vraag richt zich op de geschiedenis van het personage, maar niet op de gebeurtenis van dat moment. Daarvoor dien je niet te vragen 'waarom?' maar 'waarom nu?'. Waarom op dat moment, waarom op die plek? Dat verlegt de focus van de geschiedenis naar de gebeurtenis, van de psychologie naar het moment. Dit is nog een reden waarom ik met korte teksten, kleine eenheden en direct effect werk.

Verder noemt Foucault *reeks en regelmaat*, als bijna ritmische principes, die ons los kunnen maken van de verboden die we onze taaluitingen opleggen. Reeks en regelmaat verwijzen mijns inziens niet alleen naar een aantal bijna lichamelijke, talige aspecten als klank, ritme en herhaling, maar ook naar het hele idee van verwachting, en het spel van uitstel en inlossing dat met verwachting samenhangt.

Verwachting ontstaat alleen maar door een reeks. Wie kent niet de moppen van een man die een café binnenkomt en de dag erna weer, en weer? Pas bij de derde keer kan de pointe van de mop komen, omdat de verwachting die we door de regelmaat van de reeks binnenkomsten hebben gekregen doorbroken wordt.

Klank, ritme, herhaling, verwachting en uitstel zijn begrippen die juist bij dramaschrijven en spreektaal horen. Mijn nadruk in dit boek op levende taal en dramaschrijven kan ook op deze manier worden verklaard.

Tot slot noemt Foucault de *mogelijkheidsvoorwaarde* van een tekst. Met dit eigenaardige begrip doelt hij volgens mij op de verschillende effecten of mogelijkheden die een tekst zou kunnen hebben. Hierin volgt hij eigenlijk de taalfilosofische idee van Wittgenstein, die aangeeft dat de betekenis van een woord in zijn gebruik ligt. Een acteur, bijvoorbeeld, kan door zijn interpretatie een tekst steeds een heel verschillende betekenis geven. En als dat voor alle teksten geldt, heeft een geschreven tekst dan wel een vaste betekenis?

Juist dramaschrijvers zijn gewend om zich eerder met mogelijke effecten van een tekst dan met betekenissen in een tekst bezig te houden, en inzicht in de manieren waarop je effecten kunt toetsen en variëren kan mijns inziens het schrijfproces van een auteur zeer bevorderen. Maar ook al zullen veel voorbeelden uit het dramaschrijven komen, dit boek richt zich op levende taal binnen het geheel van literair schrijven: proza, poëzie en drama.

Het zal inmiddels wel duidelijk zijn dat dit boek niet vol staat met wetten of vuistregels over literair schrijven. Het is een verzameling gedachten, ervaringen en voorbeelden, die schrijvers wil inspireren zich te verdiepen in het schrijfproces.

Eerder dan iets te leren probeer ik iets te laten proeven. Niet hoe een tekst in elkaar zit, maar hoe schrijven als proces in zijn werk gaat. Hoe het werkt als je schrijft zonder de mythen van het schrijverschap, ontdaan van de identificatie met je tekst. Ik toon je het naakte schrijven.

2. Inschrijven

Beginnen met schrijven

> De moeilijkheid is te beginnen. Voor de sukkel is dat geen probleem, die kent geen problemen. Die maakt kinderen of maakt boeken, hij maakt *een* kind, *een* boek – onafgebroken kinderen en boeken. Het maakt hem allemaal niets uit, hij denkt niet na. De sukkel kent geen probleem, hij staat op, wast zich, gaat de straat op, wordt overreden, is gehakt, het kan hem niet schelen. Het zijn louter weerstanden van begin af aan, waarschijnlijk altijd al geweest. Weerstanden, wat is weerstand? Weerstand is materiaal. De hersenen hebben weerstand nodig. Door weerstanden te verzamelen hebben ze materiaal. Weerstand als je uit het raam kijkt, weerstand als je een brief moet schrijven – dat wil je allemaal niet, maar je *krijgt* een brief, opnieuw weerstand. Je smijt dat allemaal opzij, niettemin antwoord je op een keer.[1]

Als er al over het schrijfproces geschreven wordt, dan is het met name over het beginnen met schrijven. Er zijn honderden zeer uiteenlopende oefeningen en manieren om van niets tot schrijven te komen, terwijl er nauwelijks kennis bestaat over hoe bijvoorbeeld een eenmaal vervaardigde versie herschreven kan worden[2]. Zelfs

1. Thomas Bernhard, uit: *Drei Tage*, een in 1970 door de cineast Ferry Radax gemaakt televisieportret bestaande uit een vijftig minuten durende geïmproviseerde monoloog van de Oostenrijkse auteur. Vertaling: Hans W. Bakx.

2. Op prozagebied bestaat er het boek van Michael Seidman, *The Complete Guide to Editing Your Fiction* (Writer's Digest Books, Cincinnati 2000), en voor drama is vooral het boek van Michael Wright, *Playwriting Master Class; the Personality of Process and the Art of Rewriting* (Heinemann, Portsmouth 2000), zeer duidelijk en praktisch. Op het gebied van poëzieschrijven ken ik geen enkele uitgave die zich specifiek richt op het herschrijven.

wanneer ervaren schrijvers lesgeven, valt het op dat ook zij vaak eindeloze aandacht besteden aan hoe je tot een eerste idee komt, tot een eerste zin, tot een juiste starthouding.

Blijkbaar ligt er bij het begin van het schrijven een drempel, alsof het een bezigheid betreft waar je niet zomaar mee begint, maar die met enige schroom en eerbied dient te worden aangevangen. Mogelijk komt dat doordat alledaagse teksten als kattebelletjes, boodschappenlijstjes, e-mails zo weinig moeite kosten dat we het idee hebben dat het werkelijke, echte schrijven wél een gecompliceerd proces moet zijn. Veel beginnende, startende schrijvers zijn begenadigde, soepele vertellers, die wanneer je hun vraagt hetzelfde verhaal op papier te zetten plotseling geblokkeerd raken. Het lijkt dan alsof het spreken vrij was en het schrijven ineens menens werd, iets belangrijks, waar je op afgerekend kunt worden.

Die plechtige drempel van het begin maakt het schrijven tot een soort 'inschrijven'. We schrijven ons ergens in wanneer we lid willen worden van een vereniging of een genootschap. Schrijven wordt zo een belangrijke beslissing, waarbij we een inwijding ondergaan en bedacht moeten zijn op ontgroening. Met dit idee van inschrijving en inwijding creëren we de mythe van de gevorderde schrijver – een mythe die zegt dat je wanneer je begint met schrijven natuurlijk onmogelijk een gevorderde kunt zijn. Ik zie menig schrijver slechte teksten produceren, omdat hij probeert zo'n ingewijde, zo'n gevorderde, ervaren schrijver te zijn. De mythe van de gevorderde schrijver verklaart de strikte scheiding die wordt aangebracht tussen amateurschrijvers en professionals, tussen uitgegeven en niet uitgegeven worden, tussen wel of geen uitnodiging ontvangen voor het Boekenbal.

Automatisch gevolg hiervan is de heroïek van de inwijding. Het blad *Schrijven* staat vol met interviews over hoe moeilijk het is of was een manuscript uitgegeven te krijgen, hoe je het moet opsturen, wat je in het begeleidende briefje schrijft, en wat je doet wanneer het afgewezen wordt. Allemaal energie die ten koste gaat van het schrijven zelf.

Er zijn talloze oefeningen om met schrijven te beginnen, maar het probleem van veel van die oefeningen is dat ze een opdracht geven om vanuit het niets iets te creëren. Of het nou een inhoudelijke oefening is – schrijf een verhaal dat begint met het vinden van een losgeldbrief[3] –, of een technische – schrijf een verhaalfragment zonder bijvoeglijke naamwoorden of bijwoorden erin[4] –, je moet vanuit het niets iets gaan verzinnen, een idee hebben. Het werpt nog vóór de eerste letter een drempel op, want een gevorderd schrijver weet natuurlijk wat bijvoorbeeld bij zo'n opdracht een 'verhaal' überhaupt is, en jij bent geen gevorderde schrijver.

Maar er bestaat helemaal geen verschil tussen gevorderden en beginners. Een gevorderde is een beginner die al zo lang beginner is dat hij gevorderd is in het beginner-zijn. Het is voor ieders schrijfproces bijzonder handig het voortdurende beginnen, het niet-aflatende aanvangen tot kunst te verheffen. Dit lijkt een makkelijk zen-filosofietje – zen-mind, beginners-mind –, maar het is een zeer praktische eerste stap om te beginnen met het schrijven.

Het overkomt me steeds weer dat ik bijvoorbeeld aan een hoorspeltekst begin te werken en er weken niet mee verder kom, tot het moment dat ik ten volle besef: ik heb geen flauw idee hoe je dat ook al weer deed: een hoorspel schrijven. Ik doe het al vijftien jaar, maar hoe gaat het eigenlijk in zijn werk? Misschien is het vergelijkbaar met het gevoel dat actrice Simone Signoret haar hele professionele leven had, namelijk dat ze geen idee van acteren had, maar zich een charlatan voelde, die er tot dan toe goed mee was weggekomen.

Het gaat hier niet om valse bescheidenheid. Je kunt wat mij betreft net als James Joyce zeggen dat je 'alles met de taal kunt', of als Friedrich Nietzsche je autobiografie hoofdstuktitels meegeven als 'Waarom ik zo knap ben', 'Waarom ik zo wijs ben' en 'Waarom ik zulke goede boeken schrijf',[5] maar dan nog train je voortdurend het starten, het beginnen.

3. Jason Rekulak, *The Writer's Block; 785 Ideas to Jump-Start Your Imagination* (Running Press, Philadelphia/Londen 2001). Het boek heeft geen paginanummering.

4. Bert Jansen en Pim Wiersinga, *Het prozaboek* (Meulenhoff/Stichting Schrijven, Amsterdam 2000), p. 248.

5. Friedrich Nietzsche, *Ecce Homo; hoe iemand wordt wat hij is* (Arbeiderspers, Amsterdam 1978 (1908)), hoofdstuk 2, 3 en 4.

Een goede manier om het starten met schrijven tot kunst te verheffen, is steeds opnieuw oefeningen te doen om je te laten beseffen dat je in feite allang met schrijven begonnen bent.

Je leest allang – iedere schrijver is begonnen als lezer[6] –, en je gebruikt allang je zintuigen. Je vervormt elke dag je herinneringen, je kleurt ze in en past ze aan. In de volgende twee hoofdstukken laat ik zien hoe al deze activiteiten direct onderdeel kunnen zijn van schrijven.

Je bent ook allang begonnen met schrijven. Je kunt op die manier 'inschrijven' ook gebruiken zoals je 'inrijden' gebruikt met een auto: je oefent een beetje met je instrument, je 'probeert je pen' en maakt je pols los. Het opmerkelijke is dat de fysieke daad van het schrijven zelf dan vaak plotseling ideeën oplevert die je vóór het schrijven niet had.

We weten dat de enige zin die in het Oudnederlands is overgeleverd, ontstaan is toen een monnik in de kantlijn van een manuscript zijn pen uitprobeerde en zo die prachtige versregel neerschreef:

Hebban olla vogala nestas hagunnan hinase hic anda thu.

Sommigen denken dat hij gewoon een regel neerschreef die hij kende uit een lied dat in die tijd door velen gezongen werd. Als dat zo was, had hij er dan geen probleem mee niet origineel te zijn? En als het een zin van hemzelf was, kreeg hij daar misschien het idee voor terwijl hij schreef en niet vooraf? Technieken om zonder planning vooraf 'zomaar wat' te schrijven zal ik in hoofdstuk 5 behandelen.

Blijft staan dat we moeite en wellicht enige weerzin hebben om te starten met schrijven. De Engelse dramaschrijver Dennis Potter verwoordt wat vele schrijvers zullen ervaren:

6. Zie bijvoorbeeld het bijzonder aardige essayboek *Zuerst bin Ich immer Leser; Prosa schreiben heute* (Suhrkamp, Frankfurt am Main 2000), waarin verschillende Duitse schrijvers, en vooral Ingo Schulze, het belang van lezen voor het schrijven benadrukken.

> Het voelt als iets wat je allang wist, maar waarvan je nog niet wist dat je het wist. Soms heb je het gevoel van een déjà vu. Dat is schrijven. Ik heb nooit een plot, ik heb geen schema. Ik wil weten wat er gebeurt. Maar ik weet niet waarom. Ik heb een hekel aan het beginnen. Ik haat het proces.[7]

Met 'hekel aan het beginnen' bedoel ik niet het drukke leven en de vele afleidingen, maar het is in het schrijven het starten zelf dat ons tegenstaat. Ik wil niet eerst niet-schrijven, dan hard nadenken en dan plotseling wel-schrijven. Ik zou vanzelf ongemerkt in een tekst willen binnenglijden, zoals je snel een aantekening maakt in de kantlijn van een boek dat je leest. Ik wil geruisloos een tekst binnensluipen, erop inhaken zoals je op een gesprek inhaakt, waarbij je al pratende merkt wat je wilde zeggen. Ik wil ineens in een tekst zitten die samenvalt met mijn ervaring en er niet een keurig gestileerd, bedacht gevolg van is.

> Als je 'literatuur' wilt schrijven is de eerste stap angstaanjagend, intimiderend. Een sprong in een ijskoud meer. Dan komt het warme gedeelte, wanneer je al iets hebt waar je mee aan het werk kunt gaan, iets wat je kunt verbeteren, redigeren.[8]

Dit verlangen om van meet af aan al midden in de tekst te zitten, om maar niet het eigenaardige, angstaanjagende en misschien wel onheilspellende dat in het schrijven ligt van buitenaf binnen te moeten gaan, is volgens mij een steeds sterker wordend verlangen van schrijvers.

Je ziet het veel bij dramaschrijvers, die de laatste decennia met hun teksten niet meer aan een voorstelling vooraf willen gaan – een schrijver schrijft thuis een stuk dat later door een gezelschap wordt uitgevoerd –, maar die willen schrijven in directe samenwerking met de andere disciplines; ze willen schrijven als reac-

7. Dennis Potter, *Potter on Potter* (interviews door Graham Fuller, Faber and Faber, Londen 1994).

8. Susan Sontag, in *Vrij Nederland*, 24 augustus 2002, p. 62.

tie op improvisaties van acteurs of op ideeën van de vormgeving.[9]

Niet alleen in het creatieve proces, maar ook in artistieke producten wordt die plechtigheid van het begin steeds verder aangetast. Wanneer we naar het theater kijken, zien we dat de makers proberen ook ons, het publiek, geruisloos de voorstelling in te laten glijden. Vaak is het voordoek niet neergelaten of niet eens meer aanwezig en zijn sommige acteurs bij onze binnenkomst al begonnen met hun tekst.

En waarom toch zou de tekst van de nieuwe roman van Dave Eggers, *U zult versteld staan van onze beweeglijkheid*,[10] al beginnen voor op de harde kaft, en niet pas keurig op pagina 5?

Wanneer we proberen het schrijfproces, in elk geval het begin ervan, te zien als een ongemerkt binnenglijden in een tekst, klopt dat niet met de heersende gedachte dat aan het schrijven zelf veel denken en planning voorafgaat, iets wat ik eerder de mythe van het geniale, rationele vakmanschap noemde.

In Nederland schnabbelen veel gerenommeerde schrijvers van alle genres lustig bij in het geven van schrijflessen. Zeer velen van hen presenteren dan aan hun leerlingen of cursisten het schrijfproces als een uiterst chronologisch proces: eerst bedenk je personages, kies je een thema en dokter je een verhaal uit, daarna ga

9. Een prachtig hedendaags voorbeeld is de Belgische toneelschrijver Arne Sierens. Zijn werkwijze is als volgt omschreven: 'Het idee dat tekst en voorstelling ontstaan tijdens het repetitieproces wordt geradicaliseerd. (...) onder het motto "Iedereen gelijk aan de meet" nodigen ze de acteurs uit iets te vertellen over groot en klein leed, over de herinnering aan de kindertijd via flarden tekst, dialogen, monologen, foto's en beelden. Al dit materiaal wordt door Sierens gesampled en gemonteerd tot er een tekstcollage overblijft voor vijf mensen op een canapé die om beurten een verhaal vertellen.' Erwin Jans en Geert Opsomer, inleiding bij *Sierens & Co* (IT&FB, Amsterdam 2000), p. 8-9.

10. Dave Eggers, *U zult versteld staan van onze beweeglijkheid* (Vassallucci, Amsterdam 2002).

je schrijven, en vervolgens lees je het geheel terug en herschrijf je het. Een lineair proces dus van achtereenvolgens plannen, schrijven en herschrijven.[11]

Vroeg ik die schrijfdocenten dan op de man af of ze zelf zo werkten als ze schreven, dan bleek dat helemaal niet het geval te zijn. Er werden aan het begin een paar mooie zinnen op een giro-envelop geschreven of wat foto's uitgeknipt met beelden die de schrijver in een tekst wilde verwerken, terwijl er nog geen idee was waar die over zou gaan of wie de personages waren. Ze schreven eerst wat en kregen dan pas ideeën, of als ze wel vooraf gepland hadden, veranderden ze hun eerdere planning omdat het schrijven zelf het verhaal weer een andere kant uit stuurde.

Een opmerking als die van Dennis Potter hierboven, dat hij schrijft om erachter te komen welke kant het verhaal op gaat, laat ook zien dat het schrijfproces helemaal niet zo lineair verloopt als het door schrijfdocenten en schrijfboeken gepresenteerd wordt.

Het lijkt er veel op dat plannen, schrijven en herschrijven wel plaatsvinden, maar niet keurig achter elkaar in deze volgorde. Het gaat kriskras door elkaar heen, steeds weer razendsnel verspringend van het een naar het ander.

Dat springen is eigenlijk dat wat ik bedoelde met het 'inglijden' in een tekst: je leest ergens een zin die je mooi vindt, je krijgt daardoor een idee voor een personage, je schrijft de zin over, maar herschrijft hem alvast omdat hij dan beter klinkt; terwijl je de herschreven zin overleest, verandert je idee voor het personage en het verhaal enzovoort. Dit niet-lineaire proces, waarbij de onderdelen van het schrijfproces door elkaar heen lopen en net zo goed niet kunnen beginnen met plannen, wordt een 'recursief schrijfproces' genoemd.

In de jaren zeventig hebben twee Amerikaanse taalbeschouwers, Linda Flower en John Hayes, de gedachte van het recursieve schrijfproces aangetroffen in hun uitgebreide onderzoek naar

11. Schrijfboeken, en vooral scenarioschrijfboeken, zijn vrijwel zonder uitzondering gebaseerd op dit concept van een lineair schrijfproces. Zie ook hoofdstuk 5.

hoe ervaren schrijvers te werk gaan.[12] Toen ze probeerden te beschrijven wat er in zo'n verspringend, recursief proces eigenlijk gebeurt, kwamen ze tot het volgende schrijfprocesmodel:[13]

Naar Flower & Hayes 1981

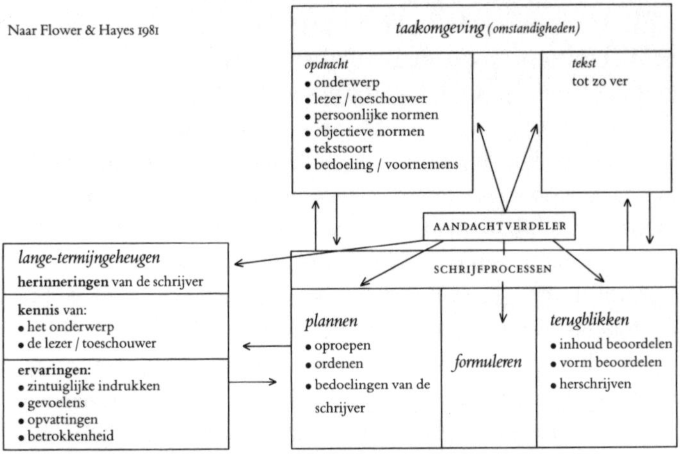

Schrik niet, ik laat dit model niet zien om je een receptuur te geven voor je creatieve proces en je daarmee te zeggen hoe je moet

12. Het is wel grappig dat in het schrijfprocesonderzoek aanvankelijk juist teruggegrepen werd op het onderzoek dat professor A.E. de Groot uitvoerde naar de denkprocessen van... schakers. De Groot liet schakers hun gedachten uitspreken tijdens het spelen, en die methode is ook bij schrijvers gebruikt. Ook het schaken bleek overigens veel minder logisch en rationeel te verlopen dan men dacht. Het herkennen van patronen bleek veel belangrijker dan het berekenen van varianten.

13. Voor een uitgebreidere beschrijving van het schrijfprocesmodel zie Cocky van Bokhoven, *Je weet niet wat je schrijft* (Stichting Schrijven, Amsterdam 1999), p. 42-48; Daniël Janssen, 'Schrijven en schrijfprocessen', in *Schrijven aan beleidsnota's* (Groningen 1991), p. 13-41; John Hayes, *A New Framework for Understanding Cognition and Affect in Writing* (Carnegie Mellon University, Pittsburgh 1996). Er is wel kritiek op dit model mogelijk – zo veronachtzaamt het de sociale invloeden tijdens het schrijven –, maar dat voert in deze context te ver.

schrijven, maar omdat het model nuttig is om de mythen te ontkrachten waarmee het beginnen met schrijven omgeven is.

De onderdelen plannen, schrijven en herschrijven staan in het blok rechtsonder in het model. Tijdens al die drie onderdelen schakel je ook voortdurend even naar je geheugen (het blok links) voor anekdotes en beelden, woorden en weetjes, en ook naar de opdrachten die je jezelf hebt opgelegd (het blok boven). Dat opdrachtblok bevat de opdracht van buiten – bijvoorbeeld: schrijf een toneelstuk voor jongeren van acht tot twaalf jaar voor de kleine zaal met maximaal drie personages –, maar ook je eigen normen, die we bij de mythen in het vorige hoofdstuk al tegenkwamen: het moet diep en wijs zijn, origineel en vakmatig.

In dit model gaat het niet zozeer om de onderdelen als wel om de pijlen die er tussen die onderdelen staan. Het blijkt dat bij ervaren schrijvers niet één van de onderdelen geweldig ontwikkeld is of zo, maar dat het schakelen tussen de onderdelen heel snel gaat en voortdurend plaatsvindt. Het inglijden in een tekst is als het ware hetzelfde als razendsnel surfen van onderdeel naar onderdeel.[14]

Wanneer iemand bij het schrijven geblokkeerd raakt, of zelfs wanneer iemand aan het vermaledijde writer's block lijdt, is er niets anders aan de hand dan dat hij of zij vastzit in een van de onderdelen van het schrijfproces en niet meer kan 'glijden' of 'springen' naar een ander onderdeel.

Iedereen kent daarvan zonder twijfel de voorbeelden. Er zijn schrijvers die zodra ze tijdens het werk in hun geheugen duiken, daar nauwelijks meer uit komen en zwelgen in hun herinnering. Het vergaat hun zoals de persoon die tijdens het opruimen van zijn kamer een doos oude brieven en foto's vindt, waar hij drie uur later nog in verdiept is, zodat van opruimen geen sprake meer is.

Een ander voorbeeld komt uit mijn eigen schrijfpraktijk. Al ruim tien jaar werk ik aan een grote historische roman over het

14. Zoals Roland Barthes al schreef: 'De tekst komt niet tot stand door een organisch rijpingsproces, maar eerder door de seriële beweging van verplaatsingen, verdichtingen en variaties.' ('De dood van de auteur', in *Raster*, nr. 17 (1981), p. 43.)

Franse dorp Rennes-le-Château, maar helaas heb ik het stadium van research nooit achter me gelaten. Ik zit als het ware al een decennium vast in het onderdeel plannen. De verwachting van mij (en de hoop van velen) is dat het werkelijke schrijven er niet van zal komen.

Een laatste voorbeeld is het juk van de opdracht, die ons schrijven lamlegt. We komen niet tot schrijven omdat we voortdurend blijven denken aan de opdracht die ons gesteld is. Ook tijdens het schrijven bezoedelt de opdracht dan onze blik. De opdracht is bijvoorbeeld een sollicitatiebrief; die mag tijdens het schrijven niet ineens een scheldmonoloog blijken te worden. Geobsedeerd door de opdracht overzien we de werking en mogelijkheden van dat wat we wél geschreven hebben, en constateren slechts waarin de tekst níet voldaan heeft aan wat we onszelf opgelegd hadden.

De mythen van het schrijverschap die ik in het vorige hoofdstuk noemde zijn stuk voor stuk te zien als pogingen om het schrijfproces vast te houden op één plek, en om één pijl uit het model te blokkeren. Dat komt doordat elke mythe één onderdeel van dat schrijfproces overwaardeert, zodat je daarin blijft hangen. Zo houdt de mythe van geniaal rationeel vakmanschap je vast in het plannen en houdt de mythe van doorleefdheid en lijden je vast in je geheugen en herinneringen. En alle mythen samen worden enorme eisen aan jezelf, waardoor je het opdrachtblok zelden meer uit komt.

Wanneer we beginnen met schrijven, is het van belang ons erin te trainen tussen de onderdelen te schakelen en zo te leren een tekst in te glijden. De vraag is nu, zeker na al deze theorie, hóé je die beweeglijkheid concreet traint.

De basis van de beweeglijkheid is om schrijven niet als het scheppen vanuit niets, maar als een reactie te zien. Beweging in het schrijfprocesmodel is in feite reageren op wat er gebeurt: wat er gebeurt in je herinnering, in je ervaring, tijdens het schrijven, tijdens het terugkijken enzovoort. 'Schrijven als reactie' bevordert de beweeglijkheid van het schrijfproces. Een handige metafoor voor dit schrijven als reactie is het te zien als een gesprek. In een gesprek ontwikkel je een gedachte door te reageren op een ander, eigenlijk zelfs samen met een ander. Een gesprek begin je niet door te praten, maar door te luisteren.

Eén manier om zo te schrijven is om radicaal per zin te reageren: je hoort een zin, of leest een zin, en probeert daar schrijvend direct op te reageren, er iets aan toe te voegen of er iets aan te veranderen. Dat kan alleen wanneer je voelt wat voor jou de belangrijkste eigenschap van die zin is. Het is mogelijk dat de zin bijvoorbeeld zwanger is van verwachting. Een aantal jaren geleden kwam de kersverse wereldkampioen dammen Jannes van der Wal in het praatprogramma van Sonja Barend.[15] De allereerste vraag van Sonja luidde: 'Hoe oud ben je?' Jannes gaf hierop een opmerkelijk antwoord: hij bleef minutenlang zwijgen. Hij doorbrak de verwachtingen die zo'n zin oproept: op een vraag verwacht je een antwoord; op televisie verwacht je geen grote stiltes; als gast word je geacht mede voor een soepel, snel gesprek te zorgen. Hoe langer Jannes zweeg, hoe duidelijker de leegheid van de vraag zelf werd.

Een schrijfoefening om een dialoog zin voor zin reagerend op te bouwen, is het schrijven van een gesprek waarin elke vraag met een wedervraag beantwoord wordt. Zie voor deze techniek bijvoorbeeld het slot van scène 27 uit het toneelstuk *En/Of* van Judith Herzberg:

> VROUW 2: Zal ik het je vertellen? Ik kan je alles vertellen en je zou niets begrijpen, ik kan je niets vertellen en je zou alles begrijpen.
> MAN: Denk je dat het iets toevoegt?
> VROUW 2: Wil je niet alles van me weten?
> MAN: Wil je dat?
> VROUW 2: Wil jij dat?
> MAN: Ik?[16]

Elke keer wanneer een vraag niet beantwoordt wordt, ontstaat er spanning bij de toeschouwer; die vraagt zich af waarom er geen

15. Of was het Mies Bouwman en niet Sonja Barend? Onze herinnering bestaat uit weinig anders dan mythevorming.
16. Judith Herzberg, *En/Of* (Toneelgroep Baal/De Harmonie, Amsterdam 1985), p. 57.

antwoord volgt. En we worden nieuwsgierig naar de motieven van degene die niet direct antwoordt.

Vaak wordt een dialoog interessant doordat er per zin een verwachting wordt gecreëerd die niet wordt ingelost. Dat hoeft natuurlijk niet per se door een wedervraag te gebeuren. In de film *Billy Eliot* zit een scène met een schitterende dialoog van drie regels. Billy van dertien vraagt voor het slapengaan aan zijn oudere broer van twintig:

Denk je weleens over de dood?

De broer reageert zonder aarzelen:

Fuck off.

Waarop Billy heel rustig antwoordt:

Okay, welterusten.

Meer wordt er in deze scène niet gezegd. Alleen doordat in feite elke zin een onverwacht antwoord is op de vorige, vragen we ons af wie deze twee jongens zijn en wat ze eigenlijk denken en voelen. Had de broer op Billy's vraag 'ja' geantwoord, dan was er een beleefd gesprek gevolgd, waarin je hoogstens geïnteresseerd was geraakt in de argumenten, maar niet in de personen.

Je kunt ook schrijvend op een zin reageren door te kijken welke zin eraan vooraf zou kunnen gaan. Dat kan een prozatekstje zijn als inleiding op die eerste zin of een spreekzin, die in een mogelijke dialoog aan die zin voorafging. Neem bijvoorbeeld de volgende willekeurige uitspraak:

Ik zou wel graag een laptop willen hebben, liefst met internet.

Herhaal de zin een paar keer en bedenk wat voor mens in 's hemelsnaam zo'n zin zou zeggen. Dan kun je de zin vervolgens vooraf laten gaan door iets onverwachts wat die figuur aan het doen is. Misschien zit hij wel in bad.

Terwijl ze zijn rug inzeepte, vroeg ze: 'Wat wil je dat ik doe?'
Hij zei: 'Ik zou wel graag een laptop willen hebben, liefst met internet.'

Nu werkt de zin vooral door de situatie, waarin de uitspraak toch weer een beetje onverwacht is.

Bij het schrijvend reageren op een zin kun je niet alleen letten op de verwachting, vooraf of achteraf, maar ook op het ritme. Vaak is een zin juist bijgebleven door zijn ritme.

We weten allemaal hoe James Bond zich voorstelt, en dat herinneren we ons door het ritme van die zin. Stel, we horen iemand zeggen:

Ik was met Katja op vakantie, Katja Schuurman.

De herhaling van 'Katja' suggereert meer over de relatie van de spreker met Katja dan zonder die herhaling. Het zegt iets in de trant van: 'Ja, voor jou is het de bekende soapactrice, maar voor mij is het gewoon Katja, zonder achternaam. Maar als ik alleen Katja zeg, dan wil ik wel dat jij weet dat het om Katja Schuurman gaat.' De plaats in de zin waar je de woorden neerzet, bepaalt dus het ritme en daarmee de directe werking.

Je kunt nu ook schrijvend op de zin reageren door hem steeds te variëren en er op die manier achter te komen wat jij als schrijver eigenlijk wilt zeggen.

Ik was met Katja Schuurman op vakantie.
Ik was met Katja op vakantie, Schuurman.
Ik was met Katja op wintersport, Katja Schuurman.
Ik was met Katja in Kazachstan. Eindeloos! Katja Schuurman.

Elke zin roept een ander mens op (niet een andere Katja, maar een andere spreker of ik-figuur), en een andere reden of motivatie om die woorden te zeggen. Door het zinnetje steeds op verschillende manieren uit te spreken en te variëren, ben ik in feite aan het herschrijven en zo een personage aan het verzinnen. Ik schrijf als reactie op een zin. Welke zin dat is, maakt daarbij nauwelijks wat uit. Een zin kan bijvoorbeeld opvallen door de stijlstructuur:

> Welke angst vergt deze nacht

Je kunt dan kijken wat voor iemand op die manier zou kunnen praten, maar je kunt ook gewoon reageren op de zin door er zinnen achter te zetten met dezelfde structuur:

> Welke angst vergt deze nacht
> Welke vernedering deze waan
> Welke leegte deze vergelding.[17]

Deze vorm is heel bruikbaar juist bij genres zoals operalibretto's, waar door de muziek ritme en structuur snel vastliggen.

Soms kan herhaling heel letterlijk zijn, op de manier zoals we dagelijks eigen en andermans woorden eindeloos herhalen zonder er erg in te hebben. Elke herhaling geeft de luisteraar een mogelijkheid om een nieuwe motivatie te zoeken, een reden waarom het nu nóg een keer gezegd wordt, en vaak nét even anders.

Zie bijvoorbeeld de volgende dialoog van Thomas Bernhard tussen twee oude broers, die vertolkt door Ton Lutz en Johnny Kraaykamp tot een schrijnende komedie werd:[18]

> KARL *(neemt pose aan)*:
> Ik heb nog nooit
> een zo elegant kledingstuk bezeten
> excellent
> nietwaar
>
> ROBERT:
> Excellent

17. Friso Haverkamp, *Noach; een opera naast Genesis in vijf akten* (De Nederlandse opera, Amsterdam 1994), akte II.5.

18. Thomas Bernhard, *De schijn bedriegt* (Publiekstheater/IT&FB, Amsterdam 1985 (1982)), p. 79-81.

ongetwijfeld excellent

KARL:
Ongetwijfeld
(bukt)
Is hij niet iets te lang
de broek

Voor mijn gevoel is hij net iets te lang
Korter laten maken
Korter

ROBERT:
De broek is niet te lang

KARL:
Niet te lang
Te lang
Net iets te lang

ROBERT:
De broek is niet te lang
niet te lang

KARL:
Niet te lang
de broek is te lang
een te lange broek

ROBERT:
De broek is niet te lang

KARL:
Ik moet hem korter laten maken
dacht ik

ROBERT:
Nee

de broek is niet te lang
(Karl komt overeind, gaat rechtop staan.)
De broek is niet te lang

KARL:
(bukt zich weer)
Niet te lang

ROBERT:
In geen geval
is de broek te lang

KARL:
(richt zich weer op, staat rechtop)
Ik dacht
ik laat hem korter maken
korter maken
korter
(buigt weer naar voren)
Iets

ROBERT:
De broek is te lang

KARL:
(richt zich weer op)
Hij is niet te lang
Je zegt dat hij niet te lang is

Hierboven zijn slechts een paar manieren genoemd om direct met schrijven te beginnen door te reageren op een zin die al bestaat, die je hoort of leest. Het schrijven als reactie, als het inhaken in een gesprek.

Tot slot is er ook nog een andere manier om te schrijven als een gesprek, als een reactie: je kunt ook met meerdere mensen aan één tekst schrijven. Er bestaan talloze voorbeelden van schrijvers die met elkaar een boek schrijven. Soms gebeurt dat door als een estafette elk hoofdstuk door een ander te laten schrijven, zoals *Heb mij lief* van het Engelse schrijverspaar Josie Lloyd en Emyn Rees, en in ons eigen land recentelijk *De schrijver*, waar onder anderen Mulisch, Claus en Komrij aan meeschreven.[19] In vroeger tijden werd dit veel gedaan met behulp van de briefroman: twee schrijvers schrijven elkaar brieven, ieder vanuit een gefingeerd personage, en zo wordt het verhaal opgebouwd.[20]

Bij deze voorbeelden is het schrijven een reactie op de ontwikkelingen die de andere schrijver in gang heeft gezet, maar ik bedoel met 'samen schrijven' ook werkelijk samen tegelijkertijd een tekst vervaardigen. Voor scenarioschrijvers, bijvoorbeeld, met name die van series en soaps, is het heel gebruikelijk om met meer schrijvers aan één tekst te schrijven, maar dan nog is ieders deel van het proces wel vaak afgescheiden van de rest. De een verzint de overkoepelende verhaallijn, de ander werkt die lijn uit in een synopsis per scène, en de derde werkt dan de scènes concreet met teksten en handelingen uit.[21] Wanneer je samen schrijft, als het ware aan één computer, wordt niet alleen de mythe van originaliteit aangetast – op een gegeven moment weet je niet meer van wie welke zin of wel idee kwam –, je bent ook voortdurend in beweging, want meestal bevindt de een zich in een ander onderdeel

19. *De Schrijver; een literaire estafette* (De Bezige Bij, Amsterdam 2000). Het boek bestaat uit acht hoofdstukken, elk geschreven door een andere auteur.

20. Bekend is *Sara Burgerhart* door Betje Wolff en Aagje Deken uit 1782, maar ook een schrijver als Simon Vestdijk schreef ze: een met Hendrik Marsman, *Heden ik, morgen gij* (Van Oorschot, Amsterdam 1935), een met Jeanne van Schaik Willing, *De overnachting* (Querido, Amsterdam 1947), en een met Henriëtte van Eyk, *Avontuur met Titia* (Querido, Amsterdam 1949).

21. Enkele jaren geleden is er in Italië een historische roman, *Q*, verschenen onder het pseudoniem Luther Blisset (Wereldbibliotheek, Amsterdam 2001 (1999)). Achter deze naam van een Somalische voetballer bleken zich vier schrijvers te verschuilen, die in één kantoor deze vuistdikke roman hadden geschreven. De roman ontving de belangrijkste Italiaanse literatuurprijs Premio Strega 1999. Inmiddels noemen de schrijvers zich Wu Ming en hebben ze de naam Blisset laten vallen.

van het schrijfproces dan de ander. De tegenwerping dat samen schrijven tot bloedeloze compromissen leidt, komt meestal van diegenen die nooit de ervaring van een gedeeld schrijfproces hebben meegemaakt en nog geloven in de romantiek van de individuele, originele expressie.

Samen schrijven is nog het best te vergelijken met het improviseren wat acteurs, dansers of jazzmusici met elkaar doen. De creatie is gebaat bij een sparringpartner, bij het elkaar beweeglijk houden in het schrijf- of scheppingsproces. In het theater vindt dat steeds meer plaats, ook tussen verschillende disciplines. Arthur Japin schrijft een literaire tekst voor een dansvoorstelling, *terwijl* hij in de repetitieruimte de bewegingen voor zich ziet; bij de opera ontstaan muziek en libretto in directe wisselwerking met elkaar.

Al die zaken waarop je kunt reageren als je schrijft – zoals zinnen, medeschrijvers – kun je zien als een weerstand. Dat is ook wat Thomas Bernhard in het citaat aan het begin van dit hoofdstuk met 'weerstand' bedoelt: je zoekt iets om op te reageren – een brief of een blik uit een raam –, en op die wijze is schrijven als reactie in feite al herschrijven, omdat het voortborduurt op iets wat er al is of was.

Schrijven is altijd herschrijven. Zelfs beginnen met schrijven is herschrijven:

> Zo zit toneel in elkaar: alles reageert op alles. Ik steek niet onder stoelen of banken dat ik in het stuk *Bernhard* gebruik maak van situaties of opmerkingen uit *Am Ziel* van Thomas Bernhard, maar het is door mijn toevoegingen en weglatingen, door mijn interpretatie, wel een echte Gerardjan Rijnders-productie geworden. Zolang je maar aan bronvermelding doet, is daar niets mis mee.[22]

Beginnen met schrijven vanuit de reactie houdt in dat lezen als basis van schrijven niet onbelangrijk is. Vaak hoor je het pleidooi

22. Arjan Visser, 'Ik heb altijd willen weten', interview met Gerardjan Rijnders, in *Trouw*, 11 november 2000.

dat het voor een schrijver weliswaar goed is om literatuur te lezen, maar strategieën om door anderen geschreven teksten direct in te zetten voor je eigen schrijven bestaan er niet of nauwelijks. In hoofdstuk 3 laat ik een paar van die strategieën zien.

Tussenscène – *Oom Hein leert zijn neefje schrijven* (1)[1]

(Een ongelukkige jeugd. Jan is achttien als er gebeld wordt.)[2]

MOEDER:

Als dat oom Hein maar niet is.
Ik was al bang dat hij langs zou komen
net nu we zo gezellig bij elkaar zitten.

(Ze loopt de gang in en kijkt door het spionnetje. Op dat moment klinkt van buiten een bulderende stem.)

OOM HEIN:

Wie daar?[3]

(Moeder deinst terug van de deur en stamelt zacht voor zich uit.)

MOEDER:

Dat vraag ik u.

(Ze sluipt terug naar de studeerkamer en fluistert.)

1. De basisstructuur van deze scène is gebaseerd op het artikel 'Donner leest voor uit de klassieken', geschreven door de schaker Hein Donner en verschenen in *Schaakbulletin* 75/76, maart 1974. Het artikel is een geniale parodie op het truttige schaakleerboek *Oom Jan leert zijn neefje schaken* van Max Euwe.
2. Dit is gejat van de bekende beginzin uit *Voer voor psychologen* van Harry Mulisch: 'Ik was achttien toen er gebeld werd'.
3. Deze zinnen komen uit het begin van *Hamlet* van William Shakespeare, waarbij het zo bevreemdend is dat het juist de soldaat die de wacht af komt lossen is die roept: 'Wie daar?'

MOEDER:
Sst. Ik geloof dat het Hein is.

OOM JAN:
Weet je het zeker?

(Ze horen hem al in de gang: het is oom Hein. Hij maakt altijd veel lawaai, en ook is hij heel dik en groot, met een lange baard. Hij komt de studeerkamer binnen.)

OOM HEIN:
Wat zie ik?
Zijn jullie bezig dit arme schaap schrijven bij te brengen?
't Is toch een schande!
Waarom hem dan niet meteen maar aan de drank gebracht of naar het bordeel afgevoerd?

JAN:
Oom Jan leert mij hoe ik later toneelstukken kan schrijven.

OOM HEIN:
Wat? Hier?[4]
In deze vunzige atmosfeer?
Ik wist het wel
Studeerkamer
Mijn god
Nog niet eens om te pissen
ben ik ooit een studeerkamer binnengegaan.
En hier moet jij dramaschrijven leren.
Als er ergens geen drama is
dan is het wel in de studeerkamer.

4. Het beginblokje uit het toneelstuk *De Theatermaker* van de Thomas Bernhard, het beste toneelstuk uit de twintigste eeuw.

OOM JAN:
Ik stond op het punt neef Jan te leren wat een beetje toneelschrijver allemaal moet weten voordat hij begint met het schrijven van drama.

OOM HEIN:
Kut kut kut kut kut
nooit meer
nooit meer
kut kut kut kut kut.[5]

MOEDER:
Hein...

OOM HEIN:
Ja?

MOEDER:
Niet waar Jan bij is.

OOM HEIN:
Niet waar Jan bij is?
Dit zijn de beginregels van *Liefhebber* van Gerardjan Rijnders
Wanneer Rijnders kwam kijken naar mijn stukken
zei ik tegen de acteurs:
'God zit in de zaal.'
Als je die jongen íéts moet bijbrengen,
dan is het dát:
Ritmisch kut zeggen
Kut kut kut kut kut.

OOM JAN:
Dat kan allemaal wel waar wezen,
maar wat weet die jongen van ritme?
Hij dient te beginnen bij het begin.

5. De eerste zinnen uit *Liefhebber*, een toneelstuk van Gerardjan Rijnders.

OOM HEIN:
Beginnen?
Hij moet juist ophouden,
onmiddellijk ophouden nou het nog kan.
De studeerkamer uit lopen
en de deur niet achter zich dicht dichttrekken
maar dichtslaan.[6]

MOEDER:
Hein...

OOM HEIN:
Jan,
even geen gelul.
Wat wil je nou eigenlijk?

OOM JAN:
Hij wil schrijver zijn
En hij wil weten hoe hij moet beginnen.

OOM HEIN:
O, had dat dan meteen gezegd.
Dan heb ik de ideale oplossing voor je.

(Oom Hein pakt uit zijn binnenzak een beduimeld pak papier.)

Dit waarde Jan
is een meesterwerk.
Een manuscript van een nooit opgevoerd toneelstuk,
gejat uit de Lada van een groot toneelschrijver,
een beroemd toneelschrijver.
Je hoopt op een autoradio,
je krijgt een toneelstuk.
Wat een fiasco wat een succes.
Hier,

6. Deze zin werd door Thomas Bernhard uitgesproken in het beroemde televisie-interview *Monolog auf Mallorca.*

voilà,
jij krijgt dit toneelstuk van mij cadeau.
Zet er je naam onder en succes verzekerd.
Hoef je geen avonden in een godvergeten studeerkamer rond te hangen.

JAN:
En de schrijver dan?

OOM HEIN:
Die is al lang en breed dood.
Eerst jarenlang de theaterdepressie,
te lang in het theater gewerkt zonder gasmasker
en dus voortdurend blootgestaan aan oplosmiddelen
en het allerergste oplosmiddel van allemaal,
de psychologie.
Vervolgens de trein,
zelfmoord.
Dus uit die hoek
is geen gevaar te duchten.
Niemand kent deze tekst.
Je kostje is gekocht.

OOM JAN:
Onverantwoordelijk.
Onethisch ook.

MOEDER:
Maar het zou de schoorsteen wel weer doen roken.

OOM HEIN:
Nou, wat vind je ervan?
Zó moet je beginnen.
Ben je ineens klaar.
Alleen mensen die met iets klaar willen zijn
gaan zich met zoiets stompzinnigs bezighouden als beginnen.
Nou?

(stilte)

OOM JAN:
Jan?

(stilte)

JAN:
Ik wil dat stuk niet.

OOM HEIN:
Waarom niet?
Het is diepgaand en vederlicht.
Wereldschokkend,
avondvullend.
Het is vernieuwend en klassiek
Tegelijkertijd.

JAN:
Ik wil het geloof ik niet nu al af hebben,
mijn eigen stuk.
Ik wil geloof ik nu nog niet klaar zijn.

OOM HEIN:
Aha,
Je wilt dus niet klaar zíjn,
je wilt klaarkómen.

(Het is een van oom Heins opvallendste eigenschappen dat hij altijd vreselijk moet lachen om zijn eigen grappen, en ook ditmaal buldert hij het uit, wat geleidelijk overgaat in een rochelend hoesten. Maar nu wordt het moeder te veel.)

MOEDER:
Als jij je niet weet te gedragen,
dan moet je maar weggaan Hein.
En ik heb je al eens eerder gezegd
dat als je mijn zuster Renate zo schandalig blijft bedriegen

je hier niet welkom bent,
of je nou kunt schrijven of niet.

(Een lange stilte. Dan begint oom Hein te praten alsof hij de woorden in een grafzerk kerft.)

OOM HEIN:
Ik?
Ik kan helemaal niet schrijven.
Ik heb een manuscript gejat uit een Lada,
maar dan kun je nog niet schrijven.
Ik zou niet weten hoe ik moet beginnen.
Ik kan een autoraampje inslaan,
meer niet.

(Hij staat op en sloft de gang in. Vlak bij de deur draait hij zich om.)

OOM HEIN:
Jan?

JAN:
Ja, oom?

OOM HEIN:
Doe me een lol:
zie ervan af.
Geen schrijven,
geen beginnen.
En als je dan toch naar theater wilt,
dan alleen met een gasmasker op.
Maar geen schrijven,
En al helemaal geen beginnen met schrijven.

JAN:
Maar...

OOM HEIN:
Ssst!

Hoor je?
Twee mannen lopen er buiten
Op en neer

JAN:
Ik hoor niets.

OOM HEIN:
Ze zijn met z'n tweeën
en lopen buiten op en neer.
Eeuwig
Diepe stemmen,
hoor je?
Waanzin.
Zou beter zijn om er niet naar te luisteren.
Als ik straks de deur opendoe
zijn ze verdwenen.

(Hij opent de deur en loopt weg de nacht in.)

OOM HEIN:
Zie je wel?
Zij zijn verdwenen
en wij zijn begonnen.
Ik wist het wel!

(Jan is hem achternagelopen de gang in en kijkt naar hem tot hij hem niet meer ziet. Hij slaat de deur dicht en loopt terug. Maar vlak voor de studeerkamer, waar zijn moeder en oom Jan zitten te smoezen, slaat hij links af de trap op. En bij elke tree zegt hij)

JAN:
Kut kut kut kut kut.

3. Overschrijven

Lezen als basis van schrijven

> Ik gebruik alles. En ik ken nogal wat stukken en stijlen en schrijvers. Maar Shakespeare jatte ook alles. Iedereen jat, behalve Ibsen, maar die jatte uit het dagelijks leven.[1]

Jatten is van alle tijden en van alle kunsten. Het is net zo normaal dat in een klassiek muziekstuk melodielijnen en patronen uit een ander werk terugkomen als dat in de hedendaagse muziek bestaande nummers worden gesampled tot een nieuw geheel.

In de literatuur lijkt het gebruik van andere teksten, van zinnen tot verhalen, minder voor te komen dan bij muziek. Meestal blijft het bij een beleefde verwijzing, een allusie of een echo. Het lijkt niet meer dan een aardigheidje voor literatuurbeschouwers dat de laatste woorden van *Opwaaiende zomerjurken* van Oek de Jong en *Ulysses* van James Joyce toch wel erg veel op elkaar lijken.

Teksten staan weliswaar vol met verwijzingen naar andere teksten – het begrip 'intertekstualiteit' is hierop gebaseerd –, maar de toespeling moet wel op een herkenbare manier vermomd zijn. We voelen ons slim als we de verwijzing wél herkennen, maar niet te snel.

Het direct overnemen van andere teksten ligt, wanneer het verder gaat dan een zinnetje hier of daar, heel gevoelig. Een verhaalstructuur overnemen mag nog nét als het een mythe of een sprookje betreft en als je het voor de jeugd doet. Dat wordt dan een 'navertelling' genoemd, zoals bij de prachtige boeken van Imme Dros.

Dat gebruik van andere teksten voor je eigen schrijven een heikel punt is, heeft wellicht te maken met de mythe van originali-

1. Toneelschrijver en theatermaker Gerardjan Rijnders in *Theatermaker; tijdschrift over theater, muziek en dans*, jrg. 4, nr. 8, oktober 2000, p. 22.

teit, die een grote invloed heeft op de literatuur en het schrijven.

Ik wil laten zien hoe juist het gebruik van andermans teksten een handige werkwijze kan zijn om in het schrijven te glijden door op een bestaande tekst te reageren. Daarbij richt ik me op dat genre binnen literatuur waar bewerken, gebruiken en jatten de dagelijkse praktijk zijn: het schrijven van toneel.

Tweeënhalf duizend jaar geleden, als met de Griekse tragedies het westerse theater een aanvang neemt, wordt al niet een origineel verhaal bedacht, maar een bestaande mythe op een eigen manier naverteld. Iedere tragedieschrijver schreef zijn eigen *Oedipus*, *Medea* of *Orestes.* De moedermoord van Electra, bijvoorbeeld, wordt door elke tragicus anders belicht. Voor Aeschylus is die het gevolg van een noodlottige vloek, voor Sophocles de vervulling van het goddelijke recht, voor Euripides de uitkomst van een menselijk drama. En of het nu William Shakespeare is, die rond 1600 alle verhalen voor zijn koningsdrama's ontleent aan oude geschiedkronieken, of Bertold Brecht die in de twintigste eeuw Chinese verhalen plundert voor zijn leerstukken, het lijkt wel alsof het juist bij toneelschrijven volstrekt normaal is om wat men leest direct te gebruiken bij wat men schrijft.

Works of art beget works of art
Kunstwerken brengen kunstwerken voort[2]

Met deze regels verdedigt William Butler Yeats aan het eind van de negentiende eeuw de Engelse toneelschrijver Oscar Wilde, wanneer die beschuldigd wordt in zijn toneelstuk *Salome* andere literaire werken geplagieerd te hebben. Men kan beweren dat Wilde bij het schrijven van *Salome* het gedicht *Herodias* van J.C. Heywood, de roman *A Rebours* van Huysmans of Flauberts *Hérodias* als directe inspiratiebron heeft gebruikt,[3] maar als we

2. Geciteerd door Rita Geys in haar inleiding bij de vertaling van Oscar Wildes *Salome* (Houtekiet, Antwerpen/Baarn 1992), p. 46.

3. Ook dit heb ik niet zelf uitgevonden. Het is door Rita Geys beschreven in haar inleiding bij de vertaling van Oscar Wildes *Salome* (Houtekiet, Antwerpen/Baarn 1992), p. 44.

de morele vraag achterwege laten of het overnemen van materiaal geoorloofd is of niet, blijft over de vraag wat Wilde dan eigenlijk gedaan heeft en hoe dat in zijn werk is gegaan.

Hoewel de tendens om bij dramateksten teksten van anderen te gebruiken, citeren en jatten onafhankelijk lijkt te zijn van tijden en stromingen, zien we in het postmoderne theater van de laatste twintig jaar zelfs nog een verheviging plaatsgrijpen.

In het postmodernisme wordt de mythe van originaliteit ontkracht. Het postmodernisme zegt dat elk beeld dat we van de werkelijkheid hebben bepaald wordt door taal, zodat dé werkelijkheid in feite niet bestaat. Er is slechts taal. We kunnen nooit origineel zijn en een nieuwe wereld scheppen, maar slechts reageren op al bestaande teksten. Dat lijkt misschien erg theoretisch, maar ieder van ons zal bij het uitspreken van de woorden 'ik hou van jou' weleens de frustratie hebben gevoeld dat hij eigenlijk nazei wat hij ooit gehoord had en onmogelijk origineel kon zijn. Postmoderne teksten zijn om die reden vaak eclectisch, dat wil zeggen: de schrijver gebruikt uit andere teksten wat hij nodig heeft.

> Een tekst schrijven is verzamelen. Een schrijver mag alles jatten wat hij kan gebruiken, als hij het maar slim in zijn installatie inbouwt,

zegt de postmoderne Oostenrijkse psycholoog en publicist Eisendle.[4] In essays als *Jenseits der Vernunft oder Gespräche über den menschlichen Verstand* (1976), *Der Narr auf den Hügel* (1981) en *Die Gaunersprache der Intellektuellen* (1986) schrijft hij dan ook hele stukken van andere auteurs over. Soms – maar niet altijd – geeft hij door voetnoten aan waar vreemde teksten zijn gebruikt. Hij vergelijkt de schrijver met een installateur van een ingewikkelde machinerie.

Menigeen vindt zo'n plagiërende literaire stijl het werk van een warhoofd. Zelf zegt Eisendle van zijn eclectische manier van doen dat hij zoekt naar fantasierijke combinaties en alleen wil zorgen voor een aantrekkelijke verbindende tekst. Hij voelt zich thuis bij

4. In een interview in *NRC Handelsblad*, 8 maart 1985.

de literatuurcollages en montageliteratuur, de visuele poëzie, de surrealisten, de concrete poëzie en de happenings, pop-art en actiekunst van een literaire avant-garde in Oostenrijk en Duitsland.[5]

Maar waarom zien we het gebruik van al bestaande teksten nu juist zo duidelijk bij toneel? Waarom zijn er niet veel prozawerken die romans als *Don Quichotte* of *Les Misérables* opnieuw vertellen of gebruiken, maar wel tientallen versies van *Oedipus* of *King Lear*, en zelfs verschillende toneelversies van *Don Quichotte* en *Les Misérables*? Waarom zijn er duizenden toneelbewerkingen van romans en nauwelijks prozabewerkingen van theaterstukken? Waarom altijd de verfilming van het boek en zelden het verhaal van de film?

Misschien komt dit doordat theater en drama eerder dan de roman altijd al een kunstvorm waren waarbij de schrijver een halfproduct levert, dat door de regisseur en spelers steeds opnieuw geïnterpreteerd wordt. De toneelschrijver weet vanaf het begin dat zijn tekst, ook al is het een meesterwerk – nee, júíst als het een meesterwerk is – bij elke enscenering anders voor het voetlicht zal komen. De regisseur zal woorden, zinnen en zelfs scènes naar hartenlust wijzigen en mogelijk schrappen; acteurs zullen woorden verbasteren, verzwijgen of in het gunstigste geval van een onvoorziene betekenis voorzien.

Bij mijn toneelstuk *Uitzicht* voor het RO Theater maakte het hoofdpersonage een ontwikkeling door van fatsoenlijk huisvader naar ultrarechtse nationalist. Van 'vaders stoel' naar 'vaderland' zogezegd. Op het moment dat de stoppen doorslaan, fulmineert hij tegen de buitenlanders en schreeuwt dan:

> Een volk dat voor allochtonen zwicht
> zal meer dan lijf en goed verliezen,
> dan dooft het licht.

Dit is een variatie op de prachtige versregels van Hendrik Mat-

5. Uit: Tom Tak, 'Wittgenstein en de postmoderne romankunst van U. Eco', in: Etienne Kuypers (red.), *Wittgenstein* (Kok-Agora, Kampen 1991), p. 163.

theus van Randwijk op het oorlogsmonument op het Weteringcircuit in Amsterdam, waarin niet voor allochtonen, maar voor tirannen gezwicht wordt. Hoewel de hoofdrolspeler begreep dat het stuk de verrechtsing wilde analyseren en aanklagen, weigerde hij categorisch bovenstaande versregels uit te spreken. Die wilde hij – als acteur? als personage? – niet voor zijn rekening nemen. Ondanks vermanende woorden van de regisseur bleek hij bij de première de regels helaas toch te zijn 'vergeten'.

De toneelschrijver weet niet alleen dat iedereen aan zijn teksten zit en ze verandert, hij is er zich in zijn schrijven ook van bewust en gebruikt tegenwoordig dan ook steeds meer de inbreng van de andere theatermakers al tijdens het schrijven van zijn stuk.

> Sierens citeert en 'samplet' volop uit de massacultuur en de kritische literatuur, documentaire of film. (...) Het materiaal dat spelers, makers en vertellers meebrengen wordt verknipt en bewerkt. Soms blijft er van het origineel maar een 'zucht' over in de nieuwe schriftuur.[6]

Het mag dan gebruikelijk zijn om bij dramaschrijven tekstmateriaal 'van buiten' op alle mogelijke manieren direct te gebruiken voor je eigen teksten, maar voor we gaan kijken op welke manieren je dat kunt doen, moeten we ons nog de vraag stellen: is het ook nodig?

Het is van belang om bij die vraag stil te staan, omdat wanneer je meent dat goed schrijven synoniem is met origineel zijn, het gebruik van andere verhalen en teksten makkelijk als een zwaktebod wordt gezien. Wie teksten jat, heeft geen ideeën; wie verhalen overneemt, heeft geen talent. Konden Shakespeare, Brecht en Wilde niet zelf iets verzinnen? Was het gemakzucht om te jatten, of misschien wel noodzaak? Waarom zou het de uiteindelijke tekst ten goede komen?

6. Erwin Jans en Geert Opsomer over de jonge Vlaamse toneelschrijver Arne Sierens, 'Tien pogingen om de teksten van Arne Sierens te kraken', inleiding bij: Arne Sierens, *Sierens & Co* (IT&FB, Amsterdam 2000), p. 13.

– Ik schrijf een scène die zich afspeelt op een operatiezaal. Moet ik weten hoe men daar praat, wat de medische termen zijn?
– Ik wil dat mijn monoloog van paus Leo XIII precies de opbouw van een katholieke mis heeft. Moet ik dan nauwkeurig onderzoeken hoe zo'n katholieke mis in elkaar zit?
– Ik schrijf een verhaal voor kinderen tussen vier en acht. Moet ik onderzoek doen naar thema's en woordenschat van die leeftijd en die overnemen?

Wanneer we onszelf bovenstaande vragen stellen, begeven we ons op het gladde ijs dat onderzoek heet, of – nog indrukwekkender – 'research'.

> Alles wat je gaat schrijven moet kloppen. Je mag zoveel verzinnen en fantaseren als je wilt, maar de lezer mag je nooit op onjuistheden kunnen betrappen. Beschrijf je een bepaalde tijd, een bepaald land, een bepaalde buurt, een bepaald gebruik, een bepaalde cultuur, een godsdienstuiting of wat dan ook: alles moet juist zijn. Gebruik je woorden of zinnen in een vreemde taal (Latijn bijvoorbeeld), dan mag daar niet de geringste fout in zitten. Is alles juist, dan geeft dat de lezer een vertrouwd en dus veilig gevoel.[7]

Ik heb ze gezien: de schrijvers die maandenlang in de universiteitsbibliotheek zaten, alles wisten over het zoutgehalte van de Zuiderzee net na de hongerwinter, want dáár wilden ze een stuk over schrijven, maar die desondanks geen pen op papier kregen. 'Ik doe research,' zeggen ze, en ze denken dat ze schrijven.

Ik heb ze gesproken: de toneelregisseurs die je, wanneer je in je stuk een bom uit de Tweede Wereldoorlog liet ontploffen, bloedserieus aanraadden om de brandweer te bellen om te vragen hoe dat dan gaat, zo'n evacuatie, en dat je dat dan zou kunnen gebruiken voor je stuk. 'Doe dan toch ook research,' zeggen ze, en ze denken dat ze je helpen bij het schrijven.

Het gebruiken van teksten en materiaal voor je schrijven is ech-

7. Bert Reesinck, *Schrijven voor je plezier* (Sdu Uitgevers, Den Haag 1996), p. 46.

ter iets wezenlijk anders dan het onderbouwen of verantwoorden van je tekst. Mijn eerste raad is dan ook volledig te stoppen met alle research. Research doen berust op een betreurenswaardig misverstand, namelijk dat je tekst beter wordt naarmate die de werkelijkheid beter nabootst. Niets is minder waar. Je schrijven wordt er eerder minder van. De werkelijkheid is immers een nabootsing van de tekst, en niet omgekeerd.

Het klinkt ingewikkeld, maar is heel eenvoudig. Stel, je schrijft een verhaal over een MPS-patiënt (Multiple Personality Syndrome), een mens met een aantal verschillende persoonlijkheden. Nu kun je over MPS van alles lezen en bekijken, maar dat kun je op twee verschillende manieren doen.

De eerste manier is dat je erachter probeert te komen hoe 'zo iemand' is. Je probeert je door te lezen en te studeren voor te stellen hoe het is om een MPS-patiënt te zijn. Je leeft je als het ware in, om de werkelijkheid zo getrouw mogelijk na te bootsen. Je schrijft dan ongeveer zoals de acteur Dustin Hoffman speelt, die voor elke rol als gevangene minimaal een halfjaar 'meeloopt' in een gevangenis. Hij rende bij de opnames van *The Marathon Man* vlak voor een scène drie blokjes om de studio omdat zijn personage uitgeput moest zijn. 'Why don't you try acting? It's so much easier,' vroeg tegenspeler Lawrence Olivier hem.

De schrijver die op die manier research doet voor zijn MPS-patiënt, maakt van zo'n mens een cliché, een blauwdruk, een geval. Tien tegen een dat het een medisch, moreel en politiek correct verhaal wordt, maar dat drama en levensechtheid zullen ontbreken.

De tweede manier is om in de boeken en artikelen over MPS (en natuurlijk de talloze videobanden van Catherina Keyl en Oprah Winfrey) niet op zoek te gaan naar wat een MPS-patiënt is, maar naar wat je zelf bent. Je zoekt terwijl je leest naar momenten waarop je plotseling denkt: dat ben ik. Zo lees je bijvoorbeeld dat een MPS-patiënt vertelt hoe hij de keuken in loopt en dan plotseling niet meer weet wat hij daar ook al weer kwam doen. Dan denk je niet: dat kan ik me voorstellen, maar je denkt: dat ben ik. Dit gaat over mij. Dat is mijn vorm van MPS. Je leeft je dus niet in in de MPS-patiënt, maar trekt hem als het ware jouw wereld in, jouw verhaal binnen. De werkelijkheid bootst dan jou en jouw verhaal na, en niet andersom. Je leeft je niet in, je leeft je uit. Het verhaal wordt dan niet cliché of algemeen, maar persoonlijk en actueel. Ook wordt voor jou als schrijver het motief duidelijk waarom je een dergelijk personage überhaupt gekozen hebt.

De eerste manier van research doen zoekt naar historische correctheid en de tweede naar een interne geloofwaardigheid. Die tweede manier nu, interne geloofwaardigheid creëren door jezelf te herkennen in bestaand materiaal, vormt een ideale basis voor een werkwijze waarbij je andermans teksten voor je eigen schrijven gebruikt.

Maar hoe doe je dat: jezelf herkennen in het materiaal? Hoe leef je je uit?

Schrijven is in de eerste plaats de werkelijkheid gebruiken en misbruiken bij het vinden van materiaal.

Je zoekt niet, je vindt. (gejat van Picasso)[8]

Je pikt woorden op die misschien afgrijselijke betekenissen hebben, maar die je stiekem toch lekker vindt klinken, zoals *kalimijn*, *silicone*, *vleesboom*, *Karachi*, *kierewiet*, *ramptoerist*, *smegma*, *lekvlek*. Ze nodigen je uit om ze in je hoofd te herhalen, en herhalen is al een vorm van reactie, van schrijven. Je hoort de klanken, die bij elke herhaling vreemder worden. Het is materiaal.

Je hoort in de coupé achter je een ruzie over lichtekooien in Zierikzee: materiaal. Bij de kapper toont een vrouw naast je haar halve arm en sist ze vanonder de droogkap: 'Trein. Zelfmoord.' Materiaal! Het accent van tante Roos gaat steeds meer op een typetje van Kees van Kooten lijken: materiaal.

Het dagelijks leven is een onuitputtelijke bron van materiaal. De werkelijkheid souffleert ons als het ware. Wanneer we schrijven, lenen we van de werkelijkheid. Het is handig te leren dat zonder enige scrupules te doen, zonder aanziens des persoons, en desnoods zonder bronvermelding. We zouden de werkelijkheid kunnen beschouwen als een soort burgeroorlog van woorden,

8. Geciteerd in: Sybren Polet, *De creatieve factor; kleine kritiek der creatieve (on)rede* (Wereldbibliotheek, Amsterdam 1996 (1993)), p. 40.

zinnen en ideeën, waarin je als een rechtgeaarde anarchist een straatsteen door de ruit van de warenhuizen gooit en uit de etalages plundert wat je nodig hebt voor je nooddruftige gezin.

Schrijven als plunderen van de werkelijkheid. Dat doe je de hele dag door en al zo lang als je leeft. Waarom doen we daar dan zo moeilijk over? Waarom noemen we dat dan in vredesnaam 'research'? Behalve als je ademen en zuchten research noemt, wanneer lezen automatisch een vorm van schrijven is; dan zou ik het kunnen snappen.

Je staat op, je opent het keukenkastje en wat zie je: een tekst. Je loopt over straat, je schoenen stinken. Wat blijkt? Je bent in een woord gestapt. Op een zonnige terras serveert de kelner je zin na zin. Je hoeft er niet naar op zoek te gaan. De tekst vindt jou wel.

> Doorgaan! Ik kan niet doorgaan. Je moet doorgaan. Er moeten woorden worden gezegd zolang er nog woorden zijn, ze moeten worden gezegd, tot de dag dat de woorden mij vinden, totdat ze tegen mij zeggen: vreemde inspanning, vreemd tekort, je moet doorgaan, misschien is het al gebeurd, misschien hebben de woorden me al tot de drempel van mijn bestaan gedragen, tot voor de poort die mijn geschiedenis ontsluit...[9]

Dit is niet het romantische ideaal van de goddelijke inspiratie die ons geniale teksten inblaast; het is veeleer een diep besef dat de drang naar originaliteit een mythe is die ons belemmert om materiaal van buiten te herkennen en te gebruiken.

Als zich overal in de werkelijkheid woorden, zinnen, verhalen en ideeën aandienen is het belangrijk daaruit een keuze te maken. Het stomste dat je daarbij kunt doen is over je materiaal nadenken. Je denkt: kan ik dit gebruiken? En voor je het weet doe je weer vlijtig research.

De makkelijkste manier om materiaal uit de werkelijkheid te kiezen is te vertrouwen op je eerste directe reactie. Wanneer je ergens direct om moet lachen of als iets je ontroert, is het materiaal geschikt. Het is een impuls, een bijna fysieke reactie op wat je

9. Samuel Beckett, *The Unnamable* (1958). Laatste zinnen van de roman.

waarneemt, hoort of leest. Wanneer je die directe reactie volgt, kun je erop vertrouwen dat het materiaal in een of andere tekst van je wel een plek zal krijgen. Dat hoeft niet noodzakelijk de tekst te zijn waar je nu aan bezig bent; het kan ook de tekst zijn die je over tien jaar schrijft. Bij zo'n selectie zul je altijd over je 'eigen' thema's schrijven, zonder dat je je er ook maar een moment mee bezig hoeft te houden wat die thema's eigenlijk zijn. Het is op die manier niet nodig onderzoek te doen naar waar je het eigenlijk over wilt hebben: jouw thema is de doorsnede van het materiaal dat je uit de werkelijkheid gekozen hebt.

Documenteren op basis van een directe reactie, zonder een speciaal doel voor ogen, houdt ook in dat je documentatie meestal niet in de eerste plaats bestaat uit universele thema's, diepe gedachten of verheven, abstracte visies, maar veel eerder uit mooie woorden, frappante beelden, flauwe grapjes. Kortom, uit concreet materiaal.

En daarmee wordt een begin gemaakt om een andere mythe over literatuur af te breken, namelijk het idee dat goed schrijven gelijkstaat aan diepzinnig zijn. Een schilder kan jaren denken over de diepte van een meer, maar uiteindelijk moet hij toch de oppervlakte ervan schilderen.

Afgaan op de eerste, primaire, fysieke reactie – tikje zweverig, toch? Laten we het anders proberen. Iedereen kent de human interest-artikelen uit de krant.

– Operazanger sterft op het toneel tijdens het zingen van de zin 'You can only live so long'.
– Bejaarde man rijdt eigen vrouw dood bij het inparkeren. De vrouw stond aanwijzingen te geven.
– Vrouw komt om bij het uitstrooien van haar moeders as over zee.
– Meisje in katholiek Brabants dorp hult zich na de kernramp in Tsjernobyl vijf jaar in landbouwplastic uit angst voor de straling.
– Vrouw die al tien jaar in coma ligt schenkt leven aan een kind. Ze werd vorig jaar zomer door een verpleger verkracht.

Individuele tragedies die op een raadselachtige manier hun weg

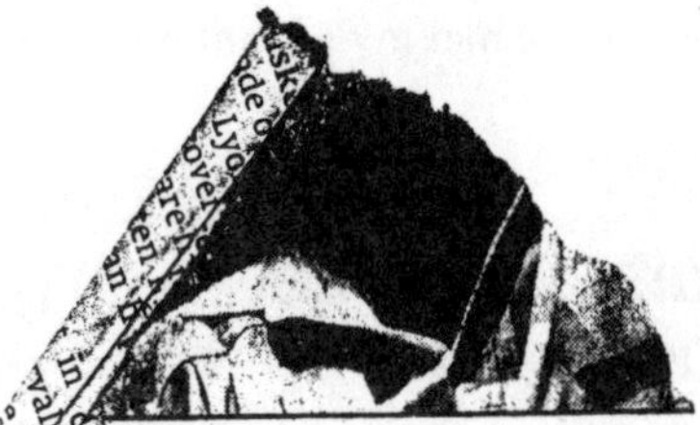

FC

…j en Galina Ivanovna Oestvolskaja

…fonie snelde ze wèl naar het …dium en bedankte de musici en …het waanzinnig enthousiaste pu-

bliek. En ik bed… …vna Oestvolskaj… Haar mocht zit…

…e

…aris van de …ı uit dat die …noemt het …' dat Libris … heeft stop-

…iet. niet ver-…ngeld was net …hadden de in-…juist leuk von-…e prijs voor jon-…ssenen te spon-…onsoring werd …egeld met een …act.

…s Literatuur Prijs …sorovereenkomst …et contract loopt …8, maar Jaap Stel-… van de Libris …acht dat Libris de …st na die periode

…ri begint de Libris …et Leesfeest, dat be-…ı krant en een lite-…rijsvraag voor … (ANP)

Hartaanval tenor tijdens première

(Van onze kunstredactie)

NEW YORK – In de Newyorkse Metropolitan Opera is de première van Leoš Janáčeks *The Makropulos Case* vrijdag abrupt afgebroken omdat de 63-jarige tenor Richard Versalle in de openingsscène van een drie meter hoge ladder viel na een hartaanval. Versalle overleed in de ambulance, onderweg naar het ziekenhuis.

Veel van de 3000 bezoekers dachten dat de val bij de enscenering hoorde, maar toen de tenor lange tijd bewegingloos op het podium bleef liggen, was het de meesten duidelijk dat er iets ernstigs was gebeurd.

Dirigent David Robertson kondigde aanvankelijk een onderbreking van twintig minuten aan, maar uiteindelijk werd besloten de voorstelling te staken.

Versalle zong de bijrol van de griffier Vítek. De laatste woorden die hij zong waren: 'You can only live so long.'

Gale…

door JHIM LAM…

"Ik ben een ver… dendaagse kunst… galerie ga, staat … reau, meestal van … Achter dat bure… neer, maar vaker … Aan de telefoon … hebt, knikt zij je … maar meestal kijk … een blik van 'wat…

Dat was aan he… bijeenkomst, toer… het publiek opsto… de interruptiemicr… galeriecomplex aa… gracht in Amsterd… de gisteren bij wij… jaarsreceptie ee… waarin het wezen … centraal stond.

De boodschap v… laar uit het publie… de galeries zijn k… lijk. Sjarel Ex, dir… Centraal Museum, … middag al gezegd: "… ste deel van de gale… werken. Als je ee… ling wilt organiser…

naar het nieuws vinden, terwijl er toch elke dag duizenden mensen sterven die niet in de krant komen (behalve misschien zwartomrand).

Duitse man eet dode vriend op

DUITSLAND De Duitse politie heeft een man gearresteerd die zegt zijn vriend te hebben vermoord en opgegeten, mét diens toestemming. De 41-jarige verdachte vertelde een video te hebben gemaakt van hoe hij man ombracht, in stukken sneed en gedeeltelijk nuttigde. De moord zou in 2000 zijn gepleegd. (DPA)

Die berichten zijn fascinerend, omdat ze zoveel vragen oproepen.

Tijdens een les dramaschrijven aan de schrijfopleiding van de Hogeschool voor de Kunsten in Utrecht vertelde een student in de les eens het volgende verhaal:

> Ik loop langs een zwerver in Hoog-Catharijne en als ik vlak bij hem ben, zingt hij me toe: 'Kijk eens in de poppetjes van mijn ogen.' Als mijn vriendin dat tegen mij zou zingen, okay. Maar deze man? Waarom tegen mij? Waarom nu? Is hij knettergek of helderziend? Zingt hij dit tegen iedereen of alleen tegen mij? Is het een raad? Is het een boodschap? Ben ik homoseksueel? Ik snap het niet.

Vraagt de zwerver je om een euro, dan snap je het helemaal en blijft de ervaring waarschijnlijk niet hangen. Zingt de zwerver in het Joegoslavisch, dan begrijp je hem helemaal niet en loop je door. Of je geeft hem een euro. Maar nu snap je hem niet helemaal en word je geraakt, en je snapt ook niet goed wat je geraakt heeft.

Materiaal!

Neem het bericht van de vrouw die omkomt bij het uitstrooien van haar moeders as over zee. De moeder had zelfmoord gepleegd omdat haar ex-echtgenoot, een oud-basketballer, haar niet mee wilde nemen naar een basketbalwedstrijd. Tijdens het uitstrooien wordt de dochter met haar broer door een vloedgolf verrast als ze met de urn op een rots staat. De vrouw verdrinkt in de golven; haar broer kan zich redden.

ɔpt. De n..
. nebben de radio.
.enten geabsorbeerd die ti,
de explosie vrijkwamen en voe-
.en die nu via het grondwater naar
elders.

egis-
ze ont-
.en Mos-
Servische
or het Servi-
kan er eerlijk
evoerd als alle
n staatshanden
chrikkelijk com-
SE-functionaris.
absoluut een ge-
nodig.'
premier Hasan
arde onlangs dat
t er ook na afloop
ndaat buitenland-
nië zullen blijven.
het achterlaten
itiemacht,' beves-
iplomaat die nauw
ie is betrokken.
ncht krijgt een
en een nieuwe
soldaten zal veel
i, en waarschijn-
rd door de Euro-
n. De VS zullen
eun zorgen. Dat
ton de kans zijn
esidentsverkie-
halen.

Roedja zei dat er zich sinds het ongeluk lekken hebben voorgedaan, maar dat functionarissen zich dit jaar bijzonder veel zorgen maken vanwege de zware sneeuwval die leidt tot overstromingen als de sneeuw smelt.

Het is op 26 april tien jaar geleden dat de ramp in Tsjernobyl plaats had. Ter gelegenheid hiervan geven de VS Oekraïne voor 16 miljoen gulden medische hulp, zo maakte gisteren minister Christopher van Buitenlandse Zaken in Kiev bekend.

■ **COMABABY** Een 29-jarige Amerikaanse vrouw die al tien jaar in coma ligt, heeft maandag in een ziekenhuis in Rochester het leven geschonken aan een jongen van vier pond en twee ons. De baby werd negen weken te vroeg geboren. De moeder raakte in coma na een verkeersongeluk. Ze werd vorig jaar zomer in een verpleeghuis verkracht. De dader is niet gearresteerd, hoewel de verdachte, een verpleger, wel heeft bekend een andere patiënte in het ziekenhuis seksueel te hebben misbruikt. De ouders van de vrouw willen voor de baby gaan zorgen.

AIWAN

bezoek te brengen de Verenig-
de Staten, en d
haast" hee
van de
dar

Broer en zus brengen autoriteiten met hun zwijgen tot wanhoop

'Zo totaal onaanraakbaar geworden'

Van onze verslaggever
Sletse van der Hoek

GELDROP

Niets, eigenlijk helemaal niets valt er aan te merken op de Veldkamps te Geldrop. Ze zorgen goed voor hun paarden. En voor zichzelf – al is het zonder elektriek, gas, riolering en wateraansluiting. Maar wel met regelmatig vers fruit op tafel. Ze zijn geen mens tot last. Op wat eens een Brabants boerenerf was met een woonboerderij en een schuur en een kippenhok, bloeien dahlia's en afrikaantjes in aangeharkte borders. Waarlijk niemand heeft reden zich aan broer Leo en zus Hanna te storen.

Alleen, dat ze wonen zoals ze wonen: onder een paar golfplaten sinds het kippenhok vorige week is dichtgetimmerd en verzegeld, en dus niet in de caravan die de gemeente er voor de Veldkamps neerzette. En vooral dat ze zwijgen, al jaren zwijgen en nergens op reageren, en dat niemand weet zijn geworden.

Het mysterie, dat is wat ze dwarszit in Geldrop, een vroegere textielgemeente en Gods eigen oorschelp volgens oud-premier Van Agt, die er geboren is.

Hoe vaak was burgemeester Leijten de laatste jaren niet op bezoek geweest op Genoenhuis. Gepraat als Brugman. Uitdrukkingloos en zonder een woord zaten ze hem weer aan te kijken.

Even had hij gedacht dat hij ze had, dat ze iets zouden zeggen. Toen hij uitlegde waarom hij wilde dat ze proper zouden wonen. 'Omdat ik niet wil dat ge straks met twintig graden vorst dood gevonden wordt. Want dan komt jan en alleman met opgestoken vinger mij verantwoording vragen waarom de overheid niks gedaan heeft.'

Toen had Leo zich voorover gebogen, de wijsvinger geheven, de mond geopend maar ook direct weer gesloten, en was het veld in gelopen.

aangedaan was Leo vorige week met de politie meegegaan naar het huis van bewaring in Eindhoven, waar hij een dag of tien moet zitten omdat hij (uiteraard) niet reageerde op aanmaningen de boete te betalen voor het onverzekerd rondrijden in een oude Volkswagen. De Kever is in beslag genomen.

Terwijl ze geld zat hebben, Leo en Hanna Veldkamp, miljonair waren. Ontvangen voor onteigend land waarop de gemeente nieuwe wijken bouwde voor de forenzen die in Eindhoven werken. Ook zoiets: zwijgende Leo en Hanna hadden geen giro- of bankrekening gegeven voor het overmaken van dat geld. Zodat de gemeente het maar gestort had op een rekening bij het ministerie van Financiën. Enkele honderdduizenden guldens staan daar nog maar. Want al jaren legt de belastingdienst beslag op een deel van dat kapitaal, omdat Leo en Hanna geen belastingformulier invullen.

autistisch, Hanna kwam met een mulo-diploma van school, beiden bleven ongetrouwd en zijn nu begin zestig. Ze kunnen praten; buren horen het ze doen, tegen elkaar en tegen de dieren. Na het overlijden van hun ouders zetten Leo en Hanna de boerderij voort. In 1984 zakte het dak boven de koeienstal in. Daarna begon het verval – en het grote zwijgen.

Ze kwamen te wonen in de schuur. Na een storm vorig jaar haalde de brandweer het dak eraf en de gemeente liet het slopen. Hanna en Leo gingen wonen in het kippenhok zonder ramen en deuren, wat de GGD-arts onverantwoord vond en dat vorige week door de gemeente werd dichtgetimmerd.

En nu? Burgemeester Leijten vindt dat hij, als overheid toch op de een of andere manier verantwoordelijk, iets moet doen. Hij is liberaal genoeg, zegt hij, om te erkennen dat mensen moeten kunnen leven hoe ze willen zo- kwaad doen. Maar: wat als het straks twintig graden vriest, wat als Leo onverzekerd een botsing veroorzaakt, wat als Hanna onverzekerd een niersteenaanval krijgt, wat als het zo maar doorgaat en ze straks geen geld meer hebben? 'Al wilden ze op hun erf in een hol wonen met een pijp erop voor een kachel, ik zou er vrede mee hebben als ze zeiden dat te willen.'

Hij heeft de familie gemobiliseerd. Een broer zat op zijn knieen voor Leo en Hanna en smeekte: 'Zeg wat, zeg hoe we kunnen helpen.' Geen woord van Leo en Hanna. Ook niet voor de zus die uit Canada was overgekomen.

Deze week of begin volgende week zal de rechter bepalen of op verzoek van de broers en zus een bewindvoerder een deel van het vermogen van Leo en Hanna mag beheren en besteden aan de bouw van een huis. En verdomd, hoopt burgemeester Leijten, 'misschien krijg ik ze dan wel aan het praten'.

Waarom haalt dit berichtje de krant? Zit het 'm in de weinig plausibel lijkende reden voor de zelfmoord van de moeder? Is het het beeld van de vrouw op de rots die door een golf wordt weggeslagen? Om een broer en een zus die met de urn van moeder liggen te spartelen in zee? Of is sterven terwijl je de as van een andere overledene aan het uitstrooien bent te cru voor woorden?

Wanneer je zoveel afvraagt bij een bericht, kun je het in vol vertrouwen toevoegen aan je voorraad. Sterker nog, het is er tijdens het vragen al deel van gaan uitmaken. Daarmee bezig zijn is een onderzoek naar wat je zelf in het materiaal net niet helemaal snapt.

Het gaat daarbij helemaal niet om de onwaarschijnlijkheid van het materiaal. Het verhaal van de comateuze vrouw die in verwachting raakt door een verkrachting, is niet materiaal omdat het wel erg vreemd en onwaarschijnlijk is, maar omdat het vragen oproept: wat is het genot voor de verpleger die haar verkracht? Wat bezielt de ouders van de vrouw die van abortus niets willen weten en het kind zelf gaan opvoeden? Op die manier kan zo'n waar gebeurd berichtje basis zijn voor een prachtige film, zoals in dit geval *Hable con ella.*

Je kunt de mate waarin het materiaal je raakt en bruikbaar is ook testen door details van het verhaal te variëren en vervolgens te kijken hoe je dán op de tekst reageert.

Neem het verhaal van de bejaarde man die zijn vrouw doodrijdt bij het inparkeren. Het krantenbericht meldt bovendien nog dat de vrouw aanwijzingen stond te geven.

Ga nu variëren. Stel dat de vrouw met haar rug naar de man toe stond. Is het dan tragischer of minder tragisch dan wanneer ze aanwijzingen stond te geven? Wanneer ikzelf die variatie aanbreng, merk ik dat ik het aanwijzingen geven niet alleen tragischer vind omdat ze op de een of andere manier toch zelf ongewild heeft meegewerkt aan haar eigen dood, maar ook dat ik steeds maar weer moet lachen om het beeld van die vrouw die daar aanwijzingen staat te geven. Ik zie haar voortdurend met twee handen 'Kom maar, kom maar, kom maar'-gebaren maken, terwijl het beeld van de vrouw zonder gebaren in één seconde weer uit mijn gedachten verdwenen is.

Je kunt allerlei andere variaties aanbrengen. Stel dat de man met opzet zijn eigen vrouw overrijdt, en niet per ongeluk bij het inparkeren. Stel dat de man een onbekende overrijdt bij het inparkeren. Stel dat hij zijn vrouw overrijdt bij een ongeluk.

In dat variëren maak je als het ware al de overstap van lezen naar schrijven, aangezien je je fascinatie voor het gelezene concreet maakt. Je onderzoekt met die variaties, zoals Michel Foucault het noemt, de 'mogelijkheidsvoorwaarden' van een tekst. Door het variëren gaat het tekstmateriaal antwoorden.

Kortom, je leest, luistert en kijkt voortdurend, je raakt verbaasd over wat je herkent en toch niet helemaal snapt, maar je doet géén research. Je vindt je eigen tekst niet door alle vragen te beantwoorden voordat je gaat schrijven. Het stuk vindt jou, doordat jij je materiaal in staat laat zijn zelf naar je toe te komen, zelf te laten reageren, zelf te bewegen.

> De angst van de schrijver voor de metafoor
> is de angst dat het materiaal zelf beweegt.[10]

Laten we nu eens kijken op welke manieren je teksten die je om welke reden dan ook hebt gekozen, vervolgens kunt opnemen in je eigen werk.

In 1996 schreef ik voor het Veemtheater in Amsterdam een toneelstuk voor drie actrices met de titel *Het liedje van verlangen.* Regisseur Mart-Jan Zegers en actrices Heidi Arts, Annelies Herfst en Ine Leytens wilden graag een stuk dat gebaseerd zou zijn op hun improvisaties en op het toneelstuk *Drie zusters* van de Russische schrijver Anton Tsjechov.

Schrijven op basis van acteursimprovisaties kan ik erg aanraden als werkwijze voor startende schrijvers. Het is een uitnemende training om andermans materiaal snel en efficiënt op mogelijk gebruik voor je eigen tekst te kunnen beoordelen. Elke zin die je in het repetitielokaal hoort is een mogelijke tekst, en dat

10. Heiner Müller, geciteerd in de wervingsbrochure voor de schrijfopleiding Hogeschool voor de Kunsten, Utrecht 1992.

vraagt van de schrijver een heel concrete en pragmatische concentratie.

Voor dit hoofdstuk is wel van belang dat er bij deze voorstelling al in het begin voor werd gekozen om de personages van *Drie zusters* over te nemen in het nieuwe stuk. Het was aanvankelijk een vreemde gewaarwording om een stuk te gaan schrijven, terwijl je weet dat de personages al bestaan, en wel in een ander stuk.

Een dergelijke werkwijze is natuurlijk bij televisie, in serie en soaps heel normaal, maar ook bij toneel is het wel voorgekomen. Een aantal jaren na *Leedvermaak* schreef Judith Herzberg een tweede deel met dezelfde personages, *Rijgdraad*, en recentelijk is in Duitsland zelfs een derde deel, *Simon*, opgevoerd. In de jaren zeventig deed Lodewijk de Boer iets soortgelijks met *The Family*.

Het overnemen van de personages heeft als voordeel dat het het repetitieproces versnelt. Ook in mijn project was dat het geval. De acteurs konden al repeteren en improviseren zonder dat ik ook maar één regel had geschreven. De belangrijkste inhoudelijke reden voor een dergelijke werkwijze was het actualiseren van de thematiek. Zonder de gedateerde plot van Tsjechov te gebruiken, wilden we onderzoeken hoe de thematiek van de personages in de moderne tijd vorm zou kunnen krijgen. Voor het schrijfproces was het prettig dat ik in de tekst van Tsjechov niet alleen gegevens over 'mijn' personages kon vinden, maar dat ik ook zinnen en zelfs handelingen van hen kon overnemen.

Het was niet eenvoudig de plot van Tsjechov los te laten, zeker niet omdat het beeld van drie zusters die naar Moskou willen en maar niet gaan, zeer beroemd is. De regisseur en ik besloten daarom in een vroeg stadium een radicaal andere situatie dan bij Tsjechov vast te leggen: drie vrouwen zitten aan het sterfbed van één man. Dat gaf het voordeel dat Tsjechovteksten en -personages in de nieuwe situatie een onverwachte, frisse werking kregen, en daarom makkelijker door ons te beoordelen waren op hun bruikbaarheid.

Door een bekend personage in een vreemde situatie te plaatsen, zijn we eigenlijk weer het materiaal aan het variëren, en daarmee de mogelijkheden – in dit geval van het personage – aan het onderzoeken. Dat is een werkwijze die ook bij proza kan werken: je beschrijft een geliefd romanpersonage in een andere situatie en onderzoekt op die manier waarom het personage je fascineert.

Een andere techniek is het overnemen van taaleigenheden en -stijlen. Begin 1999 kreeg ik de opdracht van het Belgische theatergezelschap De Vieze Gasten en het Zeeland Nazomerfestival om een hedendaagse versie te schrijven van de middeleeuwse verhalen van Reinaert de Vos.

Ik koos daarbij drie zeer verschillende soorten teksten: een wrede, prozaïsche oerversie *Ysengrimus*, in 1149 geschreven door een monnik Nivardus; een middeleeuwse rijmbewerking *Van den vos Reinaerde*, en een schitterende, satirische prozabewerking van Louis Paul Boon uit de jaren vijftig met de titel *De wapenbroeders*. Bij *Ysengrimus* vond ik vooral beelden en uitdrukkingen die zo rauw en plastisch waren dat ik ze in mijn teksten zou kunnen gebruiken, ook al omdat de grote openluchtvoorstelling enig pathos in de tekst wel kon verdragen. Zo wordt een prachtige scène beschreven waarin Reinaert de Vos kwaad wordt op zijn eigen tanden wanneer hij de kans op een lekker hapje voorbij heeft laten gaan:

> Jullie zijn tanden?
> Jullie bijten hanen?
> Moet ik nog langer dulden dat jullie mijn mond ontsieren?
> Gapen kunnen jullie, sluiten niet.[11]

Dit blokje is bijna letterlijk zo in het stuk terechtgekomen, en de gedragen heroïek van de vragende stijl heeft veel van de andere teksten beïnvloed.

In de Middelnederlandse rijmversie *Van den vos Reinaerde* fascineerde me vooral de taal. Die wilde ik af en toe letterlijk zo overnemen, hoewel ik bang was dat het publiek het Middelnederlands niet zou kunnen verstaan. Ik besloot bij zeer felle emotie de personages even in het Middelnederlands over te laten gaan. Aangezien de emotie duidelijk en helder was en de citaten kort, bleek het allemaal goed te begrijpen.

Hier volgt een voorbeeld uit de scène waarin Reinaert, terwijl

11. *Ysengrimus* (Griffioenpocket, Querido, Amsterdam 1997), p. 135.

hij net de kinderen van de wolf Ysengrimus heeft ondergeplast, tegen de vrouw van de wolf, Hersinte, liegt dat haar man dood is:

REINAERT:
Ik zal als een vader voor ze zijn.

HERSINTE:
Een vader voor ze zijn?
Je hebt ze verdomme zo-even allemaal ondergepist.

REINAERT:
Nou, pissen pissen...
Pissen is een groot woord.

HERSINTE *(luid jammerend)*:
Ende mine kindre so mesvoert
Dat hi se besekede.

REINAERT:
Ssst.
Ik ik ik heb een verklaring
Ik moet dat nog leren
met kinderen en zo
opvoeden.
Ik wist dat het iets met plassen was en met verschonen
maar dat zij moeten plassen
en ik verschonen,
daar was ik me helemaal niet zo van bewust.'

De teksten van Louis Paul Boon waren in een sappig Belgisch gesteld waarvan acteurs en regisseur zeer gecharmeerd waren, maar waarvan ik wist dat ik nooit de hele tekst op die manier zou kunnen schrijven. Veel van de teksten van Boon hadden bovendien een vertellende stijl:

En Hermeline keek haar man aan.
En wat erger was
en haar nog groter zorgen baarde:

dat hij soms scheen te geloven
al wat hij daar declameerde.

Deze stijl bleek tijdens het schrijven bij uitstek te passen in de vertelteksten die ik wilde tussenvoegen. Twee vrouwen zouden een soort vertellende koorfunctie vervullen, en ik wist maar niet hoe ik deze vrouwen zou laten praten. Ik wist wekenlang alleen hun eerste zin, die ik uit *Voorbij goed en kwaad* van Nietzsche gejat had: 'Stel dat de waarheid een vrouw is.'

Nadat ik bij Boon allerlei zinnen en blokjes had overgeschreven, bezat ik een schat aan teksten die het koor zou kunnen zeggen, en bovendien wist ik toen precies op welke toon de vrouwen moesten praten.

In de tijd dat ik aan dit Reinaertstuk, *De republiek der negatie*, schreef, las ik niet alleen verschillende Reinaertbewerkingen, maar nam ik ook allerlei verschillende soorten teksten door, al is het alleen maar omdat ik me zittend aan een computer prettiger voel wanneer die omgeven is met boeken, kranten en kattebelletjes. Het is alsof de objecten om te lezen helpen om steeds opnieuw het starten met schrijven eenvoudiger te maken. Het is de omtrekkende beweging die me toestaat als het ware geruisloos van het lezen in het schrijven te glijden, te sluipen. Sybren Polet noemt in zijn prachtige boek over schrijven *De creatieve factor* deze omtrekkende beweging opzettelijk 'ernaast denken'.[12]

In *De republiek der negatie* was het snel duidelijk dat de sterfscène van de wolf Ysengrimus cruciaal zou zijn voor het stuk. Door toedoen van zijn neef, de vos Reinaert, krijgt Ysengrimus voortdurend de straf voor de streken die Reinaert uithaalt. Als Ysengrimus geheel ontveld in de armen van Reinaert gaat sterven, spreekt hij nog eenmaal de vos aan. Dat moest hij doen op een wat gedragen, heroïsche toon, waarover Reinaert zich verbaast.

Ik las op dat moment in de net uitgegeven nagelaten gedichten van Thomas Bernhard het volgende:

12. Sybren Polet, *De creatieve factor; kleine kritiek der creatieve (on)rede*, (Wereldbibliotheek, Amsterdam 1996 (1993)), p. 39.

De avond is mijn broeder, want ik heb gezien
hoe de boom zich naar me omkeerde,
want ik heb gehoord
hoe de kruiken van de boeren barstten
en de wijn in hun gezichten spatte
die Jezus aan het kruis beschuldigden.[13]

Hiervan sprak de herhaling 'want ik heb...' me aan, die een heroïsch terugblikken suggereert. Bovendien kon ik de eerste zin houden, aangezien een ontvelde wolf niet erg meer gesteld zal zijn op het brandende daglicht.

De laatste zinnen van het gedicht sloegen nergens op, maar ik herinnerde me uit *De wapenbroeders* van Boon dat daar vaak gesproken werd van het geluid van de brekende stokken op de rug als de verworpenen der aarde dienden te worden beschreven.

In mijn tekst werd het uiteindelijk:

YSENGRIMUS:
Kijk naar me
Kijk naar me
Zie de zon Reinaert die ondergaat op mijn lichaam
De zon zit me op de huid
De avond is mijn broeder
want ik heb gezien hoe de boom zich naar me omkeerde
want ik heb gehoord hoe de stokken braken op mijn rug.

Nu ik dit opschrijf, begrijp ik dat die eerste zin, 'Kijk naar me/ Kijk naar me', ook niet van mezelf is. Het is een variatie op een andere sterfscène, die uit *King Lear* van Shakespeare. Als Lear sterft, wil hij niet zelf aangekeken worden, maar hij wil juist dat men oog heeft voor zijn dode dochter, die naast hem ligt.

En mijn arme nar is opgehangen!
Nee, nee, geen leven!
Waarom wel leven in een hond, een paard, een rat,

13. Thomas Bernhard, *In een tapijt van water* (Atlas, Amsterdam/Antwerpen 1997 (1991), vertaling Menno Wigman), p. 11.

En niet één adem jij? Nooit keer je weer,
Nooit, nooit, nooit, nooit, nooit!
U, toe – maak deze knoop los: dank u, sir.
Zien jullie dit? Kijk naar haar, kijk, haar lippen.
Kijk daar, kijk daar!
(Hij sterft.)[14]

Nadat ik het blokje tekst uit *De republiek der negatie* had geschreven, las ik de zinnen over en dacht opeens: wat staat daar eigenlijk? Een boom die zich omdraait naar een mens? Ik probeerde de zin van Bernhard te begrijpen, en dacht dat dit moest slaan op momenten waarop Ysengrimus zich in harmonie voelde met de natuur. Dat de vos dit in zijn laatste uur beseft, geeft aan dat hij vlak voor zijn dood uiterst helder een belangrijke ontwikkeling doormaakt.

Door een vreemde zin uit een op een stijlmiddel uitgekozen blokje gejatte dichtregels serieus te nemen snapte ik opeens hoe de ontwikkeling van het personage in mijn stuk zou moeten zijn! Deze oplossing leidde me vervolgens weer verder op twee verschillende paden. Eerst las ik door in Bernhards bundel en vond in het gedicht op pagina 49 twee zinnen die de basis vormden voor een monoloog van de brallende koning Nobel:

O de nacht die mijn hart doorboort
met allen die ik heb onteerd[15]

Die tekst had precies de combinatie van schuldgevoel, wreedheid en koketterie die ik zocht voor mijn koning Nobel.

Verder gebruikte ik het fragment uit *King Lear* later in het stuk in een scène waarin Reinaert zich tegenover zijn blinde oom Ysengrimus voor dood houdt: een pseudo-sterfscène. Wanneer de wolf triomfantelijk constateert dat zijn vijand dood is, hoort men plotseling zinnetjes uit het wanhopige Learfragment:

14. William Shakespeare, *King Lear* (IT&FB, Amsterdam 1990 (1605!), vertaling van Gerrit Komrij), akte V scène III, p. 163.
15. Thomas Bernhard, *In een tapijt van water* (Atlas, Amsterdam/Antwerpen 1997 (1991), vertaling Menno Wigman), p. 49.

YSENGRIMUS:
Eindelijk!
Waarom zou een rat een hond een paard moeten sterven
en jij niet
Eindelijk
Het zou toch ridicuul zijn
als uitgerekend een vos de dans zou ontspringen
en zijn spelletjes kan spelen tot de laatste dag
Hier is die laatste dag
En?
Hoe ziet die laatste dag er uit?
Zie je de ondergaande zon

De sterfscène uit *King Lear* ken ik trouwens niet door het lezen van Shakespeare, maar doordat ik hem in schitterende dramastukken geciteerd zag. In de film *The Dresser* speelt de oude acteur in doodsnood deze scène, en in *Minetti* van Thomas Bernhard[16] citeert de hoofdpersoon, een stokoude acteur, in zijn laatste uren regelmatig *King Lear*.

Om er een idee van te geven op welke manier tekstmateriaal direct geciteerd en verwerkt kan worden in een bestaande dramatekst, druk ik hierbij het eerste bedrijf af van mijn stuk *Liedje van verlangen*, met alle verwijzingen en citaten. Het gaat me er daarbij niet om mijn eigen tekst te tonen of te verklappen waar de bronteksten vandaan komen, maar om de lezer concreet te laten zien waartoe de beschreven werkwijze kan leiden. Ik geef aan hoe ik de teksten heb gevonden en op welke wijze ze in mijn stuk terecht zijn gekomen. Mijn doel is duidelijk te maken dat deze werkwijze meer een manier van schrijven is dan een manier van lezen. Het is aan te raden eerst de scène achter elkaar door te lezen zonder mijn aantekeningen daarbij.

16. Zonder twijfel het mooiste toneelstuk aller tijden. Zie: Thomas Bernhard, *Minetti* (Uitgeverij Perdu, Amsterdam 1988 (1976), vertaling Jacques Peeters en Christophe van de Loo).

Scène 1
(Het is nacht. Een ziekenhuisgang.
Een aantal stoelen voor de wachtenden
De zussen ASTRID en MIKA zitten bij elkaar.)

ASTRID:
Ik wist het wel[a]
De tijd gaat voorbij
en we zullen voor altijd verdwijnen[b]
Ik wilde geen tekendocent worden
maar ik ben het toch geworden
Alles loopt altijd anders dan je denkt[c]
Je denkt op rolletjes
je denkt
alles onder controle
en dan toch op een dag
staat het raam open
terwijl je zou zweren dat je het hebt dichtgedaan[d]
Laatst las ik de brieven van een Franse minister
geschreven in de gevangenis
Hij was veroordeeld wegens het Panamaschandaal

a Deze zin is de laatste zin uit *De Theatermaker* van Thomas Bernhard, als zin een toonbeeld van melancholie en nostalgie. Ik moest er juist aan denken door de laatste zin van *Drie zusters* van Tsjechov: 'Als we dat maar wisten, als we dat maar wisten.'

b De laatste zinnen uit *Drie zusters*, tekst van Olga, p. 103-104 (Alle citaten uit *Drie zusters* van Tsjechov komen uit de vertaling van Theu Boermans (IT&FB, Amsterdam 1995).)

c *Drie zusters*, tekst van Olga, p. 98, herschreven.

De geestdrift
de verrukking
waarmee die minister de vogels beschreef
die hij door het gevangenisraampje heen zag
en die hij vroeger
als minister
nooit had opgemerkt
Toen hij weer vrijkwam
was hij die vogels natuurlijk direct weer vergeten[e]
Er is voor ons geen geluk
en het zal er nooit zijn
we verlangen er alleen maar naar[f]
Ik begrijp het wel
ik begrijp het allemaal heel goed[g]
Op een gegeven moment is het tijd[h]

d Dit blokje is een citaat uit een eerder door mij in opdracht van het RO Theater geschreven maar nooit opgevoerde stuk *Het rad van fortuin* (1992). Vaak gebruik ik blokjes teksten uit eerdere stukken. Het dialoogje

'A: Waar denk je aan?

B: Niets.

A: Onzin, je zegt de hele tijd niets, dan moet je toch ergens aan denken.

B: Als ik niets zeg, dan denk ik ook niets'

heb ik al in zeker vier teksten gebruikt. Als de zinnen goed werken, waarom dan niet? Als ik de kans krijg, doe ik het weer. Zoals nu.

e Dit hele blokje komt rechtstreeks uit *Drie zusters*, tekst van Versjinin, p. 50. Alleen de laatste zin heb ik herschreven. Er stond: 'Nu hij weer vrij is, merkt hij de vogels natuurlijk niet meer op.' Ik wilde een krachtiger einde van de zin en van het blokje, wat zowel door het woord 'direct' als door 'vergeten' wordt bereikt, omdat deze woorden makkelijk benadrukt kunnen worden.

f *Drie zusters*, tekst van Olga.

g De verbitterde beslistheid in deze zin herinnerde ik me uit een tekst van Wim Sonneveld. In het lied 'Water bij de wijn' wordt een man in een treurig, burgerlijk huwelijk er voor de tienduizendste manier op gewezen dat hij niet moet sloffen. Daarop zegt de man: 'Ik weet het, ik weet het al vijfentwintig jaar: 't zeil gaat er an.'

h Verbindende 'eigen' tekst.

Kijk
we kunnen nu allemaal weer naar huis gaan
we kunnen het ook uitstellen[i]
Hoofdpijn
dat woord
dat is het[j]
Ik ben helemaal op
denk ik[k]

Kijken
Kijken nadenken
en conclusies trekken
Wat is er aan de hand?
Hoe gaat het in zijn werk?
Het gaat honderd keer goed
en op een dag gaat het fout
Je komt jarenlang op vrijdagmiddag thuis van school
met een pakje foto's en een bosje bloemen
En opeens is er een dag
dat je de bloemen in de la legt
en de foto's schikt in de vaas
De verbanden bestaan
Je leert ze kennen
je leert ermee leven
maar je bent er nooit zeker van[l]

De vergadering heeft tot nu geduurd
Ik ben helemaal op

i *Drie zusters*, tekst van Olga, p. 103, herschreven.

j De formulering is van Thomas Bernhard, die zich bij gevoelens concentreert op het woord dat je ervoor kunt gebruiken. In het filmscenario *Wie aus weiter Ferne* (NOS, 1995) liet ik Willem Nijholt zeggen:

'Moe
dat woord
dat is het.'

k *Drie zusters*, tekst van Olga, p. 60.

denk ik
De directeur was onwel geworden
dus ik moest inspringen[m]

want de docent muziek
die weet van toeten noch blazen[n]

Mijn hoofd
godallemachtig mijn hoofd
(stilte)
Anjers bijvoorbeeld
Anjers en gele rozen

l Dit hele blokje is de begintekst uit *Het rad van fortuin*, een komedie over het waar gebeurde verhaal van een vrouw die zich in een Brabants dorp jarenlang inwikkelde met landbouwplastic uit angst voor de straling van Tsjernobyl. Ik had nu een tekst nodig die kon tonen hoe Astrid probeert door nadenken haar leven in de hand te houden. Deze tekst was daar geschikt voor. Merk op dat ik me bij het in- en het aanpassen van de teksten niet laat leiden door de ervaringen van mijzelf of de opbouw van de personages, maar in eerste instantie door de gekozen structuur.

'Als schrijver moet je vooral geduld hebben. Niet meteen je ervarinkjes opschrijven. Laat maar gaan. Een heleboel literatuur, zeker vandaag de dag, bestaat uit ervaringen van mensen hier in Amsterdam – vol meiden, kerels, dope, homo's enzovoort – die alles opschrijven zoals het is. Dat is eigenlijk een soort autobiografische journalistiek, terwijl ik nooit uitga van een ervaring, altijd van een idee of structuur. De ervaringen die ik heb gehad komen dan vanzelf naar boven. Ineens denk ik: o ja, dát. Dat kan hier nu een plaats vinden.' (Harry Mulisch, geciteerd in: Onno Blom, *De literaire boekenweekgeschenken 1984-2000* (CPNB, Amsterdam 2000), p. 62.)
Uit een blokje tekst of een zin ontstaat een idee voor een vorm of een structuur en uit al die structuurideeën ontstaat de overkoepelende eenheidsstructuur van de tekst. Je werkt dus van klein naar groot.
m Een tekst van Olga uit *Drie zusters*, p. 60, herschreven. Ik vind 'onwel' mooier dan 'ziek', en 'inspringen' mooier dan 'vervangen'.
n Eigen verbindende tekst. Waar het kan, zal ik geen flauwe woordspeling laten liggen. Ook dat is op een bepaalde manier een vorm van het gebruiken van bestaand materiaal.

dat wordt alleen maar minder
als je ze tekent bedoel ik
Dat boet aan schoonheid in
als je ze afbeeldt
Dát staat vast
Met kersenbloesem heb je dat ook
Maar er zijn ook zaken
die wínnen aan schoonheid
als ze worden afgebeeld
Pijnbomen
Landerijen in de herfst
Bergdorpen°

MIKA:
Bergpaden

ASTRID:
Kraanvogels
Herten
Een zeer koud winterlandschap
Een onvoorstelbaar warm zomerlandschap

o In dit hele blokje na de stilte parafraseert Astrid aantekening nummer 74 en 75 uit *Het hoofdkussenboek* van Sei Shonagon. (Singel Pockets, Amsterdam 2000 (geschreven rond 995!), vertaling Paul Heijmans), p. 189)

[74] Wat aan schoonheid inboet als het wordt afgebeeld: anjers, kersenbloesem, gele rozen. Mannen of vrouwen die in romantische verhalen als schoonheden worden afgeschilderd.

[75] Wat aan schoonheid wint als het wordt afgebeeld: pijnbomen. Landerijen in de herfst. Bergdorpen en bergpaden. Kraanvogels en herten. Een zeer koud winterlandschap; een onvoorstelbaar warm zomerlandschap.

Deze duizend jaar oude teksten van Shonagon hadden voor mij precies het soort gepassioneerde rationaliteit in combinatie met gedetailleerdheid die ik zocht voor het personage Astrid, geïnspireerd op Tsjechovs Olga. Die Shonagonopsommingen hebben in hun stijl bovendien een beslistheid die, bij mij althans, bevreemding wekt.

Dit is uit de twaalfde eeuw
Opgeschreven door een hofdame van een Japanse keizer
Sei Shonagon
'Wat aan schoonheid inboet
wanneer het wordt afgebeeld'
Dat klopt
Dat staat
Dat is logisch

MIKA:
Kabbelende bergbeken[p]

ASTRID:
De docent muziek heeft zijn snor afgeschoren
Hij zegt dat dat zo hoort
De directeur heeft ook geen snor meer
'Toen de directeur hem afschoor
heb ik de mijne ook afgeschoren'
zei hij
'Niemand vindt het mooi
maar dat kan me niet schelen
Ik ben tevreden'[q]

De mensheid zoekt hartstochtelijk
en zal natuurlijk vinden
Maar als ze dat nou maar vlug zou doen!
Als men de werklust zou kunnen koppelen
aan ontwikkeling
en de ontwikkeling aan werklust

p Bij het lezen van de woorden 'bergpaden' en 'bergdorpen' bij Shonagon moest ik steeds denken aan het woord 'bergbeken', en ik besefte na een tijdje dat ik dat woord kende uit een conference van Koot en Bie van de elpee *Hengstenbal.* Koot beschrijft wat hij ziet als hij klaarkomt:

'Nou joh, en wat ik dan allemaal zie als ik door mijn remmen schiet: stromende bergbeken, gevulde koeken.'

q Het hele blokje is een tekst van Koelygin in *Drie zusters*, p. 86.

ja dan
Maar vandaag
is het menens[r]

(stilte)
Eergisteren bijvoorbeeld
conversatie op de intensive care
'Sei Shonagon'
zei ik tegen de dokter
'Het hoofdkussenboek heet het'
zei ik
Had hij niet gelezen
had hij nooit gelezen
maar hij trok een gezicht alsof hij het wél had gelezen
En al die anderen
in al die andere bedden
trokken precies hetzelfde gezicht
net als hij
allemaal hetzelfde gezicht
Banaal!
Platvloers!
En ik keek weer naar Simon
roerloos in zijn bed
En ik moest weer aan ons denken
en alles kwam terug
Natuurlijk
Logisch[s]

(stilte)

MIKA:
Hij heeft een tijdje in de Staatsliedenbuurt gewoond

r Dit blokje is een tekst van Versjinin uit *Drie zusters*, p. 99.
s Deze tekst is in zijn geheel een tekst van Tsjeboetykin uit *Drie zusters*, p. 68, uiteraard herschreven. Daarmee zorgt de tekst ook voor een introductie van de situatie en weten we dat de zusters al langer aan dit sterfbed gekluisterd zitten.

Van de Staatsliedenbuurt ging hij altijd naar de Jordaan
Op weg daarheen is er een sombere brug
Onder die brug klotst het water
Als je je eenzaam voelt, word je daar erg treurig van[t]

ASTRID:
Als men de werklust zou kunnen koppelen aan de ontwikkeling
en de ontwikkeling aan de werklust
'We zijn hard bezig
we doen wat we kunnen
Stapje voor stapje'
Zoiets
Moet toch mogelijk zijn
Handen uit de mouwen[u]

Een mannetjespinguïn legt ook gewoon een steen neer
voor de vrouwtjespinguïn
waar hij een oogje op heeft
Dat is geen gebaar
dat is een wereld
We weten alles
we kunnen alles verklaren
we kunnen alles uitspreken
en we komen geen stap vooruit
Hoe moet een mannetjespinguïn een steen vastpakken
met die onbenullige vleugeltjes?[v]

(stilte)
Het kunstonderwijs ligt op sterven
Je bent tegenwoordig verplicht
bij iedere tekening die ze maken te zeggen:
'Ach
Oohh

t Versjinin uit *Drie zusters*, p. 22, herschreven naar een Nederlandse plaatsaanduiding.
u Dit blokje is een eigen verbindende tekst om het personage nog helderder te maken.

het is mooi
het is prachtig'
Terwijl het helemaal niks is
Het is helemaal *rien*
en ik maar:
'Wat mooi
wat goed
veelbelovend'
Je denkt op rolletjes
je denkt
alles onder controle
en dan toch op een dag
komt er een brief niet aan
die je toch echt hebt weggestuurd
'Heb je die dan niet aan gekregen?
Ik heb hem toch echt gisteren
vrijdag al
misschien de kerstpost'
Ja ik weet het
ik weet dat het april is
Ik weet het verdomme allemaal[w]

Dingen die men zo snel mogelijk wil zien of horen'
Het hoofdkussenboek nummer 104
Dat boek bestaat namelijk uit allemaal korte genummerde notities

v Deze tekst is ook weer overgenomen uit mijn eerdere stuk *Het rad van fortuin.* De anekdote over de mannetjespinguïn heb ik gelezen in het wetenschapskatern van *de Volkskrant.* Van veel schrijvers weet ik dat ze wetenschappelijke artikelen en boeken lezen, op zoek naar een verhaal of beeld dat als metafoor kan dienen voor een gevoel dat ze willen beschrijven. Welk gevoel dat is, wordt pas duidelijk als het juiste wetenschappelijke beeld is gevonden, niet andersom! Op die manier spelde de Vlaamse toneelschrijver Paul Pourveur werken over de quantummechanica en Gerardjan Rijnders over de snarentheorie.
w De laatste drie zinnnen drukken opnieuw die van Wim Sonneveld gejatte verbittering uit.

Dit is 104
'Dingen die men zo snel mogelijk wil zien of horen'
Eén:
Opgerolde natte tekeningen
de verf verlopen en door elkaar
Twee:
Wanneer een vrouw een kind heeft gebaard
haast men zich te weten te komen of het een jongetje of een meisje is
Als het een dame van stand is
is men natuurlijk bijzonder nieuwsgierig
Drie:
Op de eerste dag van een sollicitatieprocedure
is men er al op gebrand of een bepaalde bekende
voor die baan zal worden benoemd
Vier:
Een brief van de man van wie men houdt[x]

(stilte)
In Bergen aan Zee
dat heeft mij laatst de directeur verteld
heeft een aantal middenstanders op vaderdag pannenkoeken gegeten
Eentje

x Hier citeert niet alleen de auteur, maar ook het personage. Voor de schrijver is dit ook een manier om bestaande teksten te gebruiken. In postmoderne theaterteksten en voorstellingen van de laatste jaren citeren personages veelvuldig. Dat zijn dan vaak teksten uit de massacultuur, zoals liedteksten en rijmpjes, maar ook literaire teksten. Zo bestaat er een schitterende enscenering door regisseur Sam Bogaerds van Albees *Who is afraid of Virginia Woolf* waarin hij de hoofdpersoon Martha plotseling een aantal onvervalste Amsterdamse smartlappen laat zingen. De uiterste consequentie hiervan is dat niet alleen schrijver of personage uit bestaande teksten citeert, maar zelfs de acteur. Bij de onvolprezen theatergroep Maatschappij Discordia spelen de acteurs hun stuk vaak met het tekstboek in de hand, om voortdurend te tonen dat hun tekst 'voorgeschreven' is.

die veertig pannenkoeken had gegeten
zou zijn gestorven
Veertig of vijftig
Ik weet het niet meer precies
En de directeur heeft ook nog verteld
misschien liegt hij het ook
dat dwars door heel Bergen aan Zee een touw gespannen is
Een touw[y]

Op een dag zou je de deur niet achter je dicht moeten dóén
maar dicht moeten slaan[z]

En gewoon zeggen:
'en nu is het afgelopen
het is tijd
Ik luister niet meer'[α]

Je zet je hoed op
pakt een wandelstok
en loopt
Je slaat de deur achter je dicht
en loopt en loopt en loopt
Je loopt zonder om te kijken
En hoe verder je wegloopt
hoe beter[β]

In Overveen is een postbode geschorst
die jarenlang alle brieven
waarin hij droevig nieuws vermoedde
en dus natuurlijk ook alle rouwkaarten

y Dit blokje is een tekst van Ferapont uit *Drie zusters*, p. 40, herschreven.
z Citaat uit het interview *Monolog auf Mallorca* met toneelschrijver Thomas Bernhard.
α Deze laatste zin is een reminiscentie van de zin die Olga in *Drie zusters* voortdurend herhaalt, zie bijvoorbeeld p. 77.
β Dit blokje is een tekst van Tsjeboetykin uit *Drie zusters*, p. 92.

niet bezorgd heeft
maar bij zich thuis heeft verbrand
De PTT heeft hem in Santpoort laten opnemen
dat is een psychiatrisch ziekenhuis
Hij heeft zijn PTT-jas mogen houden
en nu bezorgt hij in het gesticht de brieven
Daarvoor hebben ze een speciale postbus opgehangen
waar de directie dan brieven in gooit voor de patiënten
en die post hij dan[γ]

MIKA *(zingend)*:
'Weet je waar de herten wonen
weet je waar de herten wonen
de herten wonen bij een mooie boom
En weet je waar ik woon
ik woon niet
en een oneindig aantal bladeren valt maar naar beneden'[δ]

(sprekend)
Ik ben voor het eerst verliefd
de rest maakt me niet zoveel uit[ε]

γ Dit verhaaltje is praktisch letterlijk in zijn geheel het verhaal 'waanzin' uit *De stemmenimitator* van Thomas Bernhard. (Thomas Bernhard, *De stemmenimitator* [Arbeiderspers, Amsterdam 1981 (1978), vertaling Hans W. Bakx en Thomas Graftdijk], p. 136.) Dit prozaboekje is ideaal materiaal voor schrijvers die situaties, personages en voorvallen zoeken om te jatten voor hun eigen teksten. Bernhard heeft uit zijn ervaring als rechtbankjournalist curieuze situaties genoteerd, en vervolgens omgeschreven tot wrange, scherpe en hilarische ultrakorte verhaaltjes.
δ Dit blokje is de letterlijke tekst die de schilder Anton Heyboer in de psychiatrische inrichting in Santpoort dagenlang steeds weer herhaalde. Hij is te vinden in het boek *De drie bruiden van Anton Heyboer* door Henk van der Meijden. (Henk van der Meijden, *De drie bruiden van Anton Heijboer* (Teleboek, Amsterdam 1974), p. 138-139.). Ik zocht een blokje tekst als start voor het lichtelijk hysterische en duistere personage Mika.
ε Tekst van Masja uit *Drie zusters*, p. 43.

Je ziet steeds dat vanuit de kleinste eenheden – een zin of een klein blokje tekst – een mogelijke structuur zichtbaar wordt, een vorm of een gebruiksmogelijkheid, zoals we dat ook in het vorige hoofdstuk aantroffen. Uit al die structuren ontstaat dan de overkoepelende eenheid. De werkwijze is dus van klein naar groot. Je begint niet met het grote verhaal, de grote thema's of de weergaloze personages, maar met een zin, een blokje tekst, een klank, een fascinatie.

Besef dat het hier om een mogelijke schrijfstrategie gaat. Het is niet zo dat elke tekst zo geschreven moet worden, of dat elk verhaal of toneelstuk van jatwerk aan elkaar moet hangen. Maar het is een concrete werkwijze om gelezen teksten te gebruiken als basis voor het schrijven.

Voor een beginnend schrijver in elk genre kan deze werkwijze een enorme opluchting zijn, aangezien hij zo met een gerust hart kan stoppen met beginnen. Hij weet namelijk dat hij allang begonnen is doordat hij las en geraakt werd, en doordat er teksten zijn blijven hangen in zijn hoofd: van kinderliedje tot nummer-1-hit, van een uitspraak van de buurvrouw tot een speech van Martin Luther King, van een krantenknipsel tot een monoloog van *Hamlet.*

4. Zegge en schrijve

Luisteren als basis van het schrijven van dialogen

> CLOV: 'What is there to keep me here?'
> HAMM: 'The dialogue'[1]

Het schrijven van spreektaal is een curieuze bezigheid. In je eentje achter de computer bedenk je woorden die, wanneer ze later door anderen gelezen of uitgesproken worden, klinken alsof ze ter plekke ontstaan. Je moet nu iets bedenken wat straks spontaan en levensecht zal lijken.

Voor de hand ligt – zeker na de werkwijze uit het vorige hoofdstuk – om daartoe klakkeloos woorden, zinnen en dialogen te plunderen uit het leven van alledag. Helaas is het niet zo eenvoudig om een gesprek direct uit de werkelijkheid over te nemen.

> Men beseft onvoldoende dat een werkelijk plaatsgevonden hebbende dialoog zo goed als nooit bruikbaar is. Het gebeurt natuurlijk weleens dat men bij de groenteboer de uitwisseling van enkele zinnetjes hoort, waarbij men denkt: ik ren zo dadelijk zo hard als ik kan naar huis en schrijf het op voordat ik het kwijt ben, want dit is een van de zeldzame momenten dat spreken goud is. Maar dat blijft een uitzondering.[2]

Bij geschreven spreektaal wordt aan de ene kant gevraagd om spontaniteit en levensechtheid, en aan de andere kant om stilering en daarmee om een zekere kunstmatigheid.[3]

1. Samuel Beckett, *Endgame*, in: Samuel Beckett, *Dramatische Dichtungen in drei Sprachen* (Suhrkamp Verlag, Frankfurt am Main 1981 (1957)).
2. Gerard Reve, *Zelf schrijver worden* (OKW, Leiden 1986), p. 34.

> Dialogen moeten veelzeggend zijn; dat is iets anders dan dat er veel in gezegd moet worden. Hoewel zinnen in de directe rede iemands taalgebruik kunnen verbeelden, zullen ze gestileerd en bijgesnoeid moeten worden. Een dialoog in een verhaal is altijd bondiger dan in de realiteit.[4]

Deze dubbele, paradoxale opdracht – spontaan én gestileerd tegelijk – is er de belangrijkste oorzaak van dat het schrijven van levensechte spreektaal als zeer complex wordt ervaren. De boeken over schrijven, óók die over dramaschrijven, geven aan dat een goede dialoog moet voldoen aan een krankzinnige hoeveelheid eisen, zodat de schrijver er terdege van doordrongen raakt dat spreektaal in elk geval slechts in schijn eenvoudig is. De paradox van gestileerde spontaniteit wordt als schier onoplosbaar voorgesteld:

> Dialogue has a difficult task in that it must simulate real talk at the same time it must artfully waste no words, reveal character, provide tension, and move the story forward.[5]

> Dialogue is also a controlled medium a playwright uses to convey a point of view, cover exposition, and push a story forward. Every line of dialogue must advance the character or advance the story.[6]

Het is opvallend dat aan geschreven spreektaal zulke hoge eisen

3. Zie ook Gerard Reve, *Zelf schrijver worden* (OKW, Leiden 1986), p. 35: 'De dialoog in het verhalend proza dient een door stilering tot zijn essentie herleide, fictieve dialoog te zijn, die echter op de lezer overkomt als "o zo levensecht" of "zó uit het leven gegrepen".'

4. Bert Jansen en Pim Wiersinga, *Het prozaboek* (Meulenhoff/Stichting Schrijven, Amsterdam 2000), p. 259.

5. Anne Bernays en Pamela Painter, *What If? Writing Exercises for Fiction Writers* (Harper Collins College Publishers, New York 1995), p. 104.

6. William Missouri Downs en Lou Anne Wright, *Playwriting from Formula to Form; a Guide to Writing a Play* (Harcourt Brace College Publishers, Orlando 1998), p. 75.

gesteld worden, terwijl over gesproken taal zelf een beetje badinerend wordt gedaan. Vaak worden de typische eigenschappen van spreektaal, die de spontaniteit juist bevorderen, als onbruikbaar voorgesteld.

> Het is zaak om loze uitspraken, haperingen en tussenwerpsels waar mogelijk te schrappen, evenals uitroeptekens, geëxalteerde emoties – kortom de o's en de ah's.[7]

Met andere woorden: het spontane, levende karakter van spreektaal wordt weinig serieus genomen, laat staan systematisch onderzocht, althans door schrijvers of schrijfdocenten. Dit komt wellicht door de mythe van rationeel vakmanschap, die met zijn ode aan planning en vooruitdenken weinig op heeft met de relatieve spontaniteit en schijnbare chaos van gesproken taal.

In een van de weinige heldere boeken over het schrijven van spreektaal, *Writing Dialogue for Scripts*, laat Rib Davis zien dat in onze maatschappij gesproken taal, in tegenstelling tot geschreven taal, veel te veel als iets vanzelfsprekends wordt beschouwd.[8] Op school leren we wel hoe je leest en schrijft, maar veel minder hoe het gesproken woord werkt en hoe je het kunt structureren en inzetten. De kern van de schijnbare chaos van spreektaal is niet dat we al pratend bijvoorbeeld zinnen afbreken, steeds weer opnieuw beginnen of woorden voortdurend herhalen, maar ligt in het feit dat de inhoud van het spreken zélf invloed heeft op de voortgang van het gesprek.

> Conversation normally does have a strong element of spontaniety, of improvising, of changing things as we go along. (...) We are improvising, and revising our thoughts B or at least our way of expressing them B as we go along.[9]

7. Bert Jansen en Pim Wiersinga, *Het prozaboek* (Meulenhoff/Stichting Schrijven, Amsterdam 2000), p. 259.
8. Rib Davis, *Writing Dialogue for Scripts* (A&C Black, Londen 1999 (2)), p. 3.
9. Rib Davis, *Writing Dialogue for Scripts* (A&C Black, Londen 1999 (2)), p. 3.

Terwijl geschreven taal, zoals we in hoofdstuk 2 al zagen, snel de indruk kan wekken dat die via een lineair schrijfproces – eerst plannen, dan schrijven en daarna herschrijven – tot stand komt, doorbreekt gesproken taal volledig de mythe dat de taal ná het denken komt, of ná het gevoel. Juist in spreektaal zien we steeds gebeuren wat in een recursief schrijfproces ook plaatsvindt: de taal beïnvloedt zelf denken en voelen. Dat is ook de reden waarom ik denk dat een aantal mythen rond het schrijven eenvoudiger omzeild kan worden wanneer het schrijfproces wordt opgevat als een gesprek en het schrijven als een reactie.

Wanneer Hamlet in de beroemde *to be or not to be*-monoloog zijn gevoelens en gedachten verwoordt, komt er een moment dat hij opeens dóór het praten een inzicht krijgt. Het is alsof er iemand anders in zijn hoofd luistert naar zijn woorden, en plotseling denkt: verrek ja, dát is het, dáár zit 'm de kneep. Het spreken is aan het inzicht voorafgegaan en heeft het inzicht veroorzaakt en niet andersom.

> (...) To die, to sleep –
> no more, and by a sleep to say we end
> The heart-ache, and the thousand natural shocks
> That flesh is heir to; 'tis a consummation
> Devoutley to be wished, to die to sleep!
> To sleep, perchance to dream, *ay, there's the rub,*
> For in that sleep of death what dreams may come.[10]

In hoofdstuk 2 over beginnen verbond ik dit recursieve schrijfproces met het werken vanuit kleine eenheden: eerder vanuit woorden en zinnen dan vanuit overkoepelende begrippen als personages of plot. Spreektaal is het recursieve schrijfproces bij uitstek. Een vraag verwacht immers een antwoord; een verbale aanval verwacht een reactie; een zin verwacht zijn afronding. Hebben we niet allemaal weleens in spanning gezeten of de docent, de politicus of de nieuwslezer een gecompliceerde volzin wel tot een juist einde zou brengen?

10. William Shakespeare, *Hamlet, Prince of Denmark* (Cambridge University Press, Cambridge 1958 (1600-1601)), akte III, scène I, p. 60.

Om spreektekst serieus te nemen is luisteren naar pratende mensen een logische stap. Geen enkele schrijfdocent zal dat ontkennen.[11] Maar wat doe je eigenlijk als je goed luistert? Waar luister je dan precies naar? Wat is het waardoor Gerard Reve bij de groenteboer dacht dat wat hij hoorde mooi en bruikbaar was? Met andere woorden: wat zijn de kenmerken van levensechte spreektaal, hoe herkennen we die, en vooral: hoe leggen we die vast?

Wanneer we ons in die vraag willen verdiepen, kan het helpen te bekijken waarom we – al dan niet heimelijk – zo kunnen genieten van het afluisteren van gesprekken op terrasjes, in de trein of in de wachtkamer.

Ik zit op een terrasje in de Amsterdamse Jordaan. Ik hoor naast me twee vrouwen van een jaar of vijftig, die overduidelijk al hun hele leven in de buurt wonen.

VROUW 1:
Die hele trap was vergeven van de olie.
Een stank, schat!
Dat wil je niet weten!

VROUW 2:
Ja, en?

VROUW 1:
Neem me éven niet kwalijk.
Het is toevallig wél jouw man!

Het eerste dat ik als luistervink merk, is dat ik nieuwsgierig word. Ik wil informatie. Wonen ze in één huis? Zijn de vrouwen fami-

11. 'Having a good ear and listening to people around you definitely helps you create dialogue that sounds real.' Laura Shamas in *Playwriting for Theater, Film and Television* (Betterway, White Hall, Virginia 1991), p. 5. Een aardige, zij het wat psychologische benadering hiervan is te vinden in het hoofdstuk 'Playing spy; developing your powers of observation to build great characters', in: Marisa D'Vari, *Magic Script; Subconscious Techniques to Conquer Writer's Block* (Michael Wiese Productions, Studio City 2000), p. 43-55.

lie van elkaar? Heeft de man die olielucht veroorzaakt? Het is dezelfde blije verwachting die ik heb wanneer in het theater de voorstelling begint, er twee mensen opkomen en ik meteen dolgraag wil weten wie ze zijn, waar ze zijn en wat voor relatie ze met elkaar hebben.

Naast informatie ben ik ook hevig op zoek naar dynamiek. Ik wil dat er iets gebeurt. Ik ben blij dat vrouw 1 het verhaal van de stank niet alleen vertelt aan vrouw 2, maar haar er ook verantwoordelijk voor stelt. Als ik het aardig formuleer, ben ik op zoek naar tegenstellingen en contrasten, maar in mijn hart hoop ik gewoon op conflict en drama.

Wanneer ik pratende mensen afluister, heeft dat bovendien een bepaald soort intimiteit: het voor díé persoon typerende taalgebruik: het jargon of het accent dat mijzelf vreemd is, maar deze mens hier nu helemaal ten voeten uit tekent. De Jordanese vrouw gebruikt naast het volkse 'schat' tegelijkertijd ook de keurige uitdrukking 'vergeven van'. De spreektaal die iemand gebruikt verwijst niet alleen naar die persoon, maar ook naar het milieu en de tijd waarin die persoon leeft.

Die typering werkt zo sterk vanwege de grote veranderlijkheid van gesproken taal. Een nieuwe broek, die ooit 'mieters' was, werd 'gaaf' en later 'vet' en 'cool' en recentelijk zelfs 'wreed' en 'dodelijk'. Het is dan ook niet toevallig dat van een toneelstuk om de paar jaar een nieuwe vertaling gemaakt wordt, terwijl dat bij een roman veel minder snel gebeurt. Veel toneelschrijvers raden daarom aan bestaand drama te vertalen om het gebruik en de werking van spreektaal te trainen.[12]

Luisterend zoek ik dus naar informatie, dynamiek en intieme typering. Maar hoe kan ik die zaken selecteren uit wat ik hoor? Ofwel: hoe kunnen we het luisteren concreet inzetten voor de hoge eisen die aan het schrijven van spreektaal worden gesteld?

12. In maart 2003 brak proza- en toneelschrijver Ger Thijs op een symposium voor Nieuwe Theatraliteit op de toneelschool in Maastricht een lans voor vertalen als middel om dramaschrijven te leren. Op de schrijfopleiding aan de Hogeschool voor de Kunsten in Utrecht verzorgt regisseur en schrijver Pieter Vrijman al jaren een vak hertalen.

Gerard Reve formuleert de eisen voor spreektaal als volgt:

> Die dialoog moet beurtelings exposé, typering, ontwikkelingen in de personages, aankondiging en wat niet al inhouden. Als enig auteur een boeiende, in de structuur van het verhaal functionele en tot de voortgang en spanning bijdragende dialoog vermag te schrijven, dan mogen we onze pet voor hem afnemen.[13]

Laten we de vier onderdelen die Reve noemt eens bekijken, en dan met name naar manieren zoeken om die onderdelen in een dialoog aan te brengen.

Exposé is dat wat ik bij het luisteren 'informatie' noemde. In elke tekst wordt feitelijke informatie over de situatie en de personages verwerkt. Dat is in spreektaal veel minder eenvoudig dan in proza. Probeer maar eens een kort gesprek te schrijven tussen twee mensen, waarbij het meteen duidelijk moet zijn hoe ze heten, welke relatie ze hebben en waar ze zijn. Tien tegen een dat die dialoog geforceerd en niet spontaan of levend overkomt.

Als de Griekse tragedieschrijver Sophocles de oude, blinde Oedipus zijn toneelstuk *Oedipus in Kolonos* laat beginnen met de zin:

> OEDIPUS:
> Antigone, dochter van de blinde grijsaard Oedipus, waar zijn we?,

dan vinden we dat onecht overkomen. Zo praat je niet tegen je kind, want je kent elkaar toch? Het lijkt alsof Oedipus eerder praat tegen het publiek dan tegen zijn dochter. Veel hedendaagse vertalingen halen die informatie er dan ook uit en laten hem gewoon zeggen: 'Antigone, waar zijn we?' We willen blijkbaar wel informatie krijgen, maar een beetje verborgen, zodat we er als lezer en kijker zelf achter kunnen komen hoe het zit, dat zelf kunnen ontdekken, want we willen ons graag slim voelen.

13. Gerard Reve, *Zelf schrijver worden* (OKW, Leiden 1986), p. 35.

Er bestaat een eenvoudige techniek om informatie op een levende, organische wijze in spreektekst in te bouwen. Wanneer de persoon die die informatie geeft een duidelijke emotie of een duidelijk belang heeft terwijl hij praat, valt het nauwelijks op dat hij ook nog informatie verstrekt, zoals in:

Denk jij echt dat ik,
als biologische slager,
na jou tien jaar in dienst gehad te hebben,
dit nog pik?
Vrouwenkleren dragen is één ding
Maar dít gaat te ver!

Onder de dekmantel van irritatie kan de schrijver hierin een hoop informatie kwijt.[14]

Een goede oefening om op een organische manier informatie in spreektekst te verwerken is het schrijven van een hoorspeldialoog. Je schrijft dan een gesprek waarbij de luisteraar alles via de uitgesproken taal moet kunnen begrijpen. Regieaanwijzingen, beschrijvingen of acteurs zullen je niet meer redden. Hoe maak je dan bijvoorbeeld in taal duidelijk dat het licht uitvalt, terwijl ze aan het praten zijn? Je zegt niet hardop 'Het licht is uit', want de personages zelf kunnen dat 'zien' en zullen dat dus niet uitspreken. Zo'n oefening leert je hoe je dat dan toch voor de luisteraar duidelijk maakt.

Bij de tweede eis, *typering*, geeft de dialoog zoals we zagen zelf informatie over de personen. Het gaat dan vaak om het jargon, het accent, de woordkeus die iemand hanteert. Iemands eigen wijze van praten uit zich in de eerste plaats in stopwoorden of steeds terugkerende uitdrukkingen,[15] zoals het 'twee dingen goed begrijpen' van Joop den Uyl, 'a hell of a job' van Pim Fortuyn en het

14. Downs & Wright noemen dit 'exposition through conflict' in hun boek *Playwriting from Formula to Form; a Guide to Writing a Play* (Harcourt Brace College Publishers, Orlando 1998), p. 91
15. Zie ook: Rib Davis, *Writing Dialogue for Scripts* (A&C Black, Londen 1999 (2)), p. 14-15.

'elk nadeel heb zijn voordeel' van de grootste Nederlandse filosoof sinds Spinoza.

Het kan soms heel stimulerend zijn om het schrijven van spreektekst voor een personage niet te beginnen met het verzinnen van een personage, maar simpelweg te starten met zo'n standaarduitdrukking. Hoe bestelt iemand die om de twee zinnen 'a hell of a job' zegt een kop koffie?

Het valt me op dat zo'n typerend woord of uitdrukking vaak ook een talige eigenaardigheid in zich heeft. De zin van Den Uyl is grammaticaal onvolledig. Bij Cruijff is het gebruik van 'heb' incorrect, en het is een raadsel waarom een Nederlands politicus als Fortuyn een Engelse uitdrukking moest gebruiken.[16]

Onlangs hoorde ik twee zestienjarige meiden praten die hun gevoelens uitten door ze als een begrip van buiten te beschrijven, alsof ze naar zichzelf keken. Ze misten de trein en riepen niet 'Verdorie!', 'Shit!' of 'Kut!', maar:

MEID 1: Balen!
MEID 2: Ja. Zucht!
MEID 1: Megazucht!

Dit procédé is vergelijkbaar met de film *A Fish Called Wanda*, waar overvaller Kevin Kline, wanneer hij ziet dat de kluis leeg is, zijn wanhoop uit door te schreeuwen: 'Disappointed!'

In dialogen ontstaat typering vooral door aandacht te besteden aan het hier en nu, aan eenvoudige details die op dat moment aanwezig zijn. Je komt als schrijver veel meer over je personage te weten door die concrete details dan door je te richten op zijn of haar psychologie. Stel dat een personage zegt:

Sta ik met het eten klaar, zit jij weer naar tv te kijken,

dan weet ik wel wat er aan de hand is, maar is de spreker nog niet echt getypeerd. Het blijft een algemeen personage met een redelijk clichématig, huiselijk probleem. Zegt hij of zij daarentegen:

16. In zijn colums in *de Volkskrant* fileert Jan Mulder regelmatig meedogenloos dit taalgebruik van politici.

Sta ik met de hutspot klaar, zit jij weer naar *Idols* te kijken,

of:

Sta ik met de filet Americain klaar, zit jij weer naar *Zeeman met boeken* te kijken,

dan zijn het al heel andere mensen geworden. Ik kan bij de laatste twee uitspraken voor me zien hoe ze gekleed gaan en wat voor interieur ze zullen hebben, en dat is bij beide situaties héél verschillend. De spreker is nu getypeerd.[17]

Juist het voortdurend zoeken en variëren van de concrete details uit het hier en nu leveren ideeën op voor een mogelijk personage – ja, zelfs voor een situatie of een scène.

– Kom eens even hier. Die neushaar van jou, die irriteert me al weken.
– Ik heb iets in mijn oog. Kun je even kijken? Wat zie je?

De eerste zin zou het begin van een ruzie kunnen zijn, de tweede van een liefdesscène. Juist dramatische spanning en conflict kunnen worden gecreëerd en verhevigd vanuit de details van het hier en nu. De typering wordt veelzeggender door de dramatische spanning en het contrast steeds binnen het hier en nu te zoeken.

Koffie?
Melk?
Suiker?
Hoeveel klontjes?
Koekje?

Als we ons voorstellen dat een persoon dit zegt tegen een andere

17. 'People are seldom general in their speech. They refer to exact situations and specific details rather than broad concepts.' Downs & Wright, *Playwriting from Formula to Form; a Guide to Writing a Play* (Harcourt Brace College Publishers, Orlando 1998), p. 86.

persoon die niet hardop antwoordt, ontstaat direct een contrast, doordat de een praat en de ander niet. Wanneer de zinnen met lange tussenpauzes gezegd worden, is het duidelijk dat de spreker zich zeer ongemakkelijk voelt; worden ze snel afgeraffeld, dan is de spreker zenuwachtig. Er is onmiddelijk een dramatisch geladen situatie, terwijl we die als schrijver niet van tevoren verzonnen hebben.

Bij spreektaal worden concrete typeringen vaak juist gebruikt om iets heel anders duidelijk te maken. Het is een bekende oefening om bijvoorbeeld een liefdesscène te schrijven terwijl de twee partijen met elkaar een maaltijd bereiden, en alleen maar over het koken hier en nu mogen praten. Hoe maak je dan met elk woord duidelijk dat ze eigenlijk met elkaar naar bed willen?[18]

Ontwikkeling van het personage, de derde eis van Gerard Reve, is een van die begrippen waar schrijvers, redacteuren en dramaturgen je mee doodgooien, maar waarvan praktisch niemand weet wat het is en hoe je het bewerkstelligt. Ja, ontwikkeling betekent dat een personage verandert, maar hoe doe je dat?

Deze vreselijke mantra van het schrijven heeft mijns inziens veel te maken met de mythe van wijsheid en diepzinnigheid, die eist dat een personage diverse kanten moet hebben en uit diverse lagen moet bestaan, want anders is het personage, en dus de schrijver, oppervlakkig en dát mag natuurlijk niet.

Ik denk dat het voor het schrijven handig is het begrip 'ontwikkeling van het personage' terug te brengen tot een begrip dat veel eenvoudiger te hanteren en direct toepasbaar is: dubbelheid. Wanneer we een situatie voor een mens in de werkelijkheid, in een roman of in een toneelstuk 'dramatisch' noemen, dan is er vrijwel altijd sprake van de aanwezigheid van twee tegengestelde emoties tegelijkertijd. Die dubbelheid doet ons slikken wanneer twee mensen hand in hand uit de brandende Twin Towers springen: liefde en dood. Dubbelheid van emoties maakt Medea in de

18. Zie voor zo'n aardige subtekstoefening: Downs & Wright, *Playwriting from Formula to Form; a Guide to Writing a Play* (Harcourt Brace College Publishers, Orlando 1998), p. 77.

gelijknamige tragedie van Euripides dramatisch, want ze vermoordt haar kinderen terwijl ze óók zielsveel van hen houdt. Als ze niet van hen houdt, is het wel sneu voor de kinderen, maar dan is het nog geen drama. Als ze niet van de kinderen houdt, kan ze ook geen ontwikkeling doormaken; dan blijft ze gewoon een psychopate.

De gelijktijdige aanwezigheid van tegengestelde gevoelens is een enorm taboe in ons dagelijks leven en misschien gaan we daarom wel naar het theater of lezen we een roman. Immers, je bent voor óf tegen de oorlog, je houdt van hem óf je houdt niet van hem, je wilt kinderen óf je wilt ze niet. Als je twee tegengestelde gevoelens tegelijkertijd hebt, ben je in de war en word je geacht als de bliksem een keuze te maken.[19]

Die dubbelheid kan juist in de kleinste eenheden, momenten of woorden duidelijk worden. In het vorige hoofdstuk haalde ik dit krantenbericht aan:

> Bejaarde man rijdt eigen vrouw dood bij het inparkeren.
> De vrouw stond aanwijzingen te geven.

Niet alleen voor de man is het dramatisch – hij doodt haar én hij houdt van haar –, maar ook voor de vrouw, die niet alleen overreden wordt, maar er door haar aanwijzingen op een ridicule manier óók nog zelf schuld aan is.

Wanneer Edward Albee aan het slot van zijn stuk *Who Is Afraid of Virginia Woolf* zijn personages laat zeggen:

> MARTHA: Just... us?
> GEORGE: Yes.

19. De dubbelheid is bij veel theatermakers en theoretici terug te vinden. Friedrich Nietzsche noemt deze in *De geboorte van de tragedie* het apollinische en het dionysische aspect van drama, waarbij het eerste voor onze bewuste gedachten en gevoelens staat en het tweede voor de driften en het onderbewuste. Dubbelheid als term komt van de Franse theatergek Antonin Artaud, die er de kern van het theater in zag. Filosofe Julia Kristeva acht deze zelfs de basis van elke taal: 'De taal heeft de breuk als bestaansreden. Zolang de eenheid er nog is, hoeft er niets gezegd te worden.'

MARTHA: I don't suppose, maybe we could...
GEORGE: No, Martha.
MARTHA: Yes. No.
GEORGE: Are you all right?
MARTHA: Yes. No,[20]

dan vinden we dat dramatisch en worden we ontroerd, om de eenvoudige reden dat zowel het 'ja' als het 'nee' van Martha tegelijkertijd aanwezig en waar is.

Dubbelheid is in spreektaal vrij eenvoudig aan te brengen. Wanneer we goed luisteren, wordt duidelijk waarom juist in gesproken taal meerdere gevoelens tegelijkertijd te vinden zijn.

PERSOON 1: Gaat het goed met je?
PERSOON 2: Jawel.
PERSOON 1: Maar wat is er dan?

Spreektaal is bedrieglijk. Ze vragen of je het goed maakt. Jij zegt: 'Jawel', en ze geloven je niet. Sterker nog: ze hebben nog gelijk ook. Je zegt: 'Jawel' en je bedoelt tegelijkertijd: 'Nee, ik voel me afgrijselijk.' Laten we daarbij voor het gemak aannemen dat niet wijzelf onbetrouwbaar zijn, maar de taal die we gebruiken. Vooral in gesproken woorden, en dus ook in dramateksten, is er vaak een contrast tussen wat iemand zegt en wat hij doet. De taal verbergt, verhult datgene wat in de handeling, het gedrag van een personage, duidelijk wordt.

We zien iemand in een café die zegt dat hij rustig is, en ondertussen bijt hij op zijn nagels, krabt hij met wat er van die nagels over is het etiket van zijn bierflesje en scheurt het bierviltje in duizend stukjes. Maar hij zegt dat hij rustig is. Deze dubbelheid wordt ook wel 'subtekst' genoemd.

Als een personage precies zou zeggen wat er aan de hand is – man bijt op zijn nagels en zegt dat hij zenuwachtig is –, worden we als publiek heel passief. Maar als hij iets verbergt, gaan we hem interessanter vinden. Zoals acteur-regisseur Ton Lutz zegt:

20. Edward Albee, *Who Is Afraid of Virginia Woolf?* (Penguin Books, Londen 1965 (1962)), p. 140.

> Een actrice die huilt op het toneel is minder spannend dan een actrice op het toneel die probeert om niet te huilen.

Bij dubbelheid is het van belang in hoeverre het personage expliciet is in wat hij zegt. Wanneer een man in het café zegt: 'Ik was bang dat je niet zou komen', is hij weliswaar explicieter dan wanneer hij zegt:

> Leuk dat je er bent. Ik stond net op het punt te gaan. Ik bedoel, om jou te zoeken. Buiten. Niet om zelf te gaan, natuurlijk. Want ik wilde blijven. Hier. Wachten op jou. Pilsje?,

maar toch zegt de laatste tekst meer over het personage dan de eerste.

Het is van belang te beseffen dat door dubbelheid en subtekst aan te brengen op het kleinste niveau, de personages zeer dynamisch en beweeglijk worden, en de lezer of de kijker actief. Daarmee is de basis gelegd voor wat lezers of kijkers ervaren als de ontwikkeling van personages.

De laatste eis van Gerard Reve, *aankondiging*, heeft veel te maken met verwachtingen, die worden gewekt. We zagen al eerder dat juist doordat spreektaal directe interactie is, elke zin onmiddellijk een verwachting oproept. Zo kondigt een vraag een antwoord aan, en als dat antwoord niet volgt, zoeken we naar het motief daarvoor. We zoeken dan onmiddellijk naar de onderliggende reden waarom het antwoord niet gegeven wordt. En zo creëren we dan weer subtekst en dubbelheid.

Het is natuurlijk wel aardig om al die eisen voor levende spreektaal te bekijken, maar wellicht komt de vraag op of je niet eerst je personage moet kennen en van alles over hem moet weten, vóórdat je hem laat praten:

> You've got your character file, you've got your storyline developed in terms of major plot points, you've picked an appropiate setting, and you've got a theme prominently displayed somewhere in your writing area. You're getting close to the

> point where you can put your characters in motion and actually write the scenes of your project. I've saved a discussion of dialogue until now because I have a specific point that I wanted to make about it. *Dialogue is not just talk.*[21]

Veel schrijvers en schrijfdocenten hangen deze opvatting aan, maar volgens mij is het een overschatte en zelfs misplaatste werkwijze. Het gevaar is levensgroot dat je als schrijver een nauwkeurig verzonnen karakter geen woord meer uit kunt laten brengen. Je hebt een dramatisch personage bedacht dat misbruikt is door zijn vader, maar hoe laat je iemand met een incestverleden in 's hemelsnaam gewoon een kopje koffie bestellen? Doordat het personage al helemaal uitgedacht is, zadel je jezelf in het schrijfproces met zo'n grote opdracht op dat het schrijven zelf makkelijk zal stranden.

Deze traditionele werkwijze van eerst personage en dán pas spreektaal is mijns inziens zo hardnekkig omdat de mythe van geniaal vakmanschap erdoor wordt versterkt. Zorgvuldige planning en overkoepelende voorbereiding worden als geniaal vakmanschap gepresenteerd. Bovendien merk ik dat bij die werkwijze de spreekteksten beoordeeld worden op externe geloofwaardigheid: zo praat een incestpleger niet; dat zijn geen woorden voor een taxichauffeur; dat zegt geen enkele jongen van veertien. Bij spreektaal letten op externe geloofwaardigheid leidt mijns inziens maar al te snel tot clichématige, voorspelbare en saaie personages. Ook bevestigt het vaak het gangbare, maatschappelijk aanvaarde mensbeeld. Ik zal hier in mijn hoofdstuk over monologen uitgebreider op ingaan.

Merk op dat de door mij in dit hoofdstuk voorgestelde methode steeds toegepast kan worden zonder je vooraf een beeld te vormen van een personage. Zoals bij gesproken taal gedachten en gevoelens uit de dialoog zelf kunnen voortkomen, zo biedt juist het schrijven van spreektaal de mogelijkheid een personage uit taal op te bouwen en niet omgekeerd.

21. Laura Shamas, *Playwriting for Theater, Film and Television* (Betterway, White Hall, Virginia 1991), p. 51.

Bij deze werkwijze van spreektaal naar personage, van kleine eenheden naar grote eenheden, van micro naar macro, word je minder gehinderd door de mythen van het schrijverschap.

Hoewel veel moderne schrijvers, zeker dramaschrijvers, werken van taal naar personage, is er over de manier waarop ze dat doen nog weinig bekend. Op dit moment ken ik alleen het recente, prachtige boek van Paul C. Castagno, *New Playwriting Strategies*, met de duidelijke ondertitel *A Language-Based Approach to Playwriting*.[22]

We zijn dit hoofdstuk gestart met de paradox van de dialoog, namelijk de gestileerde spontaniteit. Over de stilering en het aanbrengen van de kunstmatigheid heb ik het echter nog niet gehad.

In tegenstelling tot proza of poëzie krijgt een dramatekst pas betekenis door de manier waarop hij uitgesproken wordt. Het is de taak van theatermakers gesproken tekst te wantrouwen, want het is heel goed mogelijk dat die tekst wanneer hij uitgesproken wordt het tegenovergestelde effect oproept van dat wat hij op papier lijkt te betekenen. Zoals we zagen, komt dat doordat de handeling heel goed een subtekst aan de dialoog kan geven. Iemand kan 'ik hou van jou' zo vlak en monotoon uitspreken dat wij denken dat die persoon eigenlijk zegt: 'Ik haat je.' Sterker nog: hoe vaker iemand op toneel achter elkaar 'Ik hou van jou' zegt, hoe minder ik hem ga geloven. Dit komt door mijn behoefte aan dubbelheid en subtekst.[23]

Bij het construeren en stileren van dialoog heb je dus te maken met vormaspecten die kenmerkend zijn voor gesproken taal: klank, muzikaliteit, ritme en herhaling.

> ... muziek, ritme, één vinger op de toetsen, koffie, zo schrijf ik, ritmisch, associatief als een dichter, het ene woord lokt het andere uit, zoals je praat...[24]

22. Routledge, New York 2001.

23. Dit geldt niet voor libretti. Bij teksten voor opera ga ik zinnen en woorden die herhaald worden juist steeds meer geloven. De opera werkt nauwelijks met subtekst en dubbelheid.

Proza- en toneelschrijver Don Duyns laat zien hoe hij begrippen als ritme en muziek onderdeel maakt van zijn schrijven zelf. Veel schrijvers proberen juist met het schrijven van dialoog in het schrijfproces het spreken na te bootsen. De meest voor de hand liggende manier is om telkens hardop uit te spreken wat je schrijft. Dan hoor je onmiddellijk of je tekst loopt, of die spanning oproept, of mooi klinkt.

> Lolita, light of my life, fire of my loins. My sin, my soul. Lo-lee-ta: the tip of the tongue taking a trip of three steps down the palate tot tap, at three, on the teeth. Lo. Lee. Ta.
>
> She was Lo, plain Lo, in the morning, standing four feet ten in one sock. She was Lola in slacks. She was Dolly at school. She was Dolores on the dotted line. But in my arms she was always Lolita.[25]

Als je deze beginregels van Nabokovs *Lolita* hardop uitspreekt, hoor je direct hoe de tekst loopt. Nou ja, lopen... Het is meer dansen. Je voelt hetzelfde plezier als de spreker als je de naam Lolita proeft op je tong.[26]

Een andere manier om ritme en muzikaliteit in het schrijven zelf te bevorderen is de lay-out, zoals in onderstaand fragment:

> NIRAV:
> Alles is ritme
> alles is muziek

24. Anna Bilker, 'Don Duyns; schrijven is een fysieke onderneming', in *De Theater NV*, jrg. 1, maart 2003, p. 19.
25. Vladimir Nabokov, *The Annotated Lolita* (McGraw Hill, New York 1970), p. 11.
26. 'I always try over the phrases, fooling the reader into believing that this is how people actually talk. In fact, inevitably it's far more coherent than any actual talk (...) but when in doubt I will repeat a phrase to myself seven or eight times, trying to put myself in the place of an actor speaking the part.' Kingsley Amis, geciteerd in: Anne Bernays & Pamela Painter, *What If? Writing Exercises for Fiction Writers* (Harper Collins College Publishers, New York 1995), p. 104.

Iedere uitspraak van een mens
wordt levend
warm
of waar
door de toon en het ritme
en niet door zijn inhoud
Dat is het eerste wat mensen
die dialogen willen schrijven
moeten beseffen
Daarom vaak die korte zinnen
om te weten hoe het klinkt
hoe het klinken moet
hoe het klinken zal
hoe het klinken kan
En hoe bijvoorbeeld een herhaling werkt
Zoals net
met dat klinken
Begrijpt u?[27]

Bij toneelschrijvers is dit een heel gebruikelijke methode. Je ziet het in teksten van Gerardjan Rijnders, Judith Herzberg, Thomas Bernhard en Rob de Graaf. Bij theaterteksten doet de dramaschrijver middels de lay-out een voorstel aan de acteurs en de regisseur voor hoe het ritme en de 'adem' van de tekst zouden kunnen zijn, want als je de tekst mét de lay-out leest ben je geneigd elke keer bij een nieuwe regel een nieuwe inzet te maken. Ook bij poëzie is het gebruikelijk om de lay-out onderdeel te maken van de zeggingskracht van de tekst, maar bij proza komt het weinig voor.

Ook de interpunctie heeft invloed op ritme en muzikaliteit. Merk op hoe het ontbreken van punten en komma's in de slotmonoloog uit de roman *Ulysses* van James Joyce ons helpt om de tekst als één grote gedachtestroom te ervaren:

27. Nirav Christophe, 'Levendigheid moet je betrappen', in *Er staat wat er staat; ideeën voor schrijfdidactiek* (Stichting LIFT/HKU, Utrecht-Amsterdam 1997), p. 96.

... ja en al die rare straatjes en de roze en blauwe en gele huizen en de rozentuinen en de jasmijnen en geraniums en cactussen en Gibraltar als meisje waar ik een Bergbloem was ja toen ik zoals de meisjes van Andalusië die roos in mijn haar stak of draag ik een rode ja en hoe hij me onder de Moorse muur kuste en ik dacht toen ach hij of een ander en toen vroeg ik hem met mijn ogen het nog es te vragen ja en toen vroeg ie me of ik ja zei ja mijn bergbloem en eerst sloeg ik mijn armen om hem heen ja en trok hem op mij neer zodat ie mijn borsten voelde een en al geur ja en zijn hart sloeg als een gek en ja zei ik ja zeker ja.[28]

Ook als de uiteindelijke tekst, met name bij proza, een 'normale' lay-out krijgt, kan het in het schrijfproces voor het schrijven van spreektaal heel nuttig zijn eerst voor jezelf een ritmische lay-out te gebruiken.

Wanneer je door hardop te schrijven en een ritmische lay-out te gebruiken de dialoog op elk moment op levendigheid hebt gecontroleerd, is het zaak die levendigheid te stileren. Stileren is in dit geval bijna wat jazzmusici doen bij het improviseren: er wordt gevarieerd rond een vast thema of motief. Stilering van spreektaal is in feite zo'n improvisatie.

Daartoe is het zaak uit het materiaal een patroon te destilleren en dat vervolgens te gaan variëren. Typerend voor spreektaal is bijvoorbeeld dat we woorden herhalen. Stilering betekent dan niet die herhaling weghalen en er keurige volzinnen van maken, maar juist de kracht van de herhaling zoeken en daarop improviseren.[29] Zo kan een steeds herhaald woord in een dialoog als een heipaal gaan werken, als een mitrailleur.

28. James Joyce, *Ulysses* (De Bezige Bij, Amsterdam 1994 (1922), vertaling Paul Claes en Mon Nys), p. 828. De monoloog zonder interpunctie van deze vrouw beslaat 47 dichtbedrukte pagina's.

29. In hoofdstuk 2 zagen we daarvan al een voorbeeld met de dialoog van Thomas Bernhard over de te lange broek.

Kwaad?
Ik KWAAD?
Zeg jij dat ik KWAAD ben?
KWAAD?
Mijn god hoe kóm je...
KWAAD?
Okay okay okay
Dan weet ik het goed gemaakt
Dan bén ik kwaad
Als de belasting belt:
kwaad
Als je moeder belt:
kwaad
Als we met elkaar vrijen:
kwaad
mijn god
KWAAD
Ik

Kern van de stilering is het herkennen van een patroon in de spreektaal en dat patroon te variëren. Het frappante is dat de tekst dan een kunstmatig karakter krijgt, terwijl hij toch herkenbaar blijft als levende spreektaal.

Opzij opzij opzij
Maak plaats maak plaats maak plaats
We hebben ongelooflijke haast.[30]

Een mogelijke stilering ligt ook in de melodie van een gesproken zin. Je kunt kijken waar het hoogtepunt van een zin zit en dan die melodie gebruiken voor het schrijven van volgende zinnen en op die manier een personage creëren.

Zo kun je bijvoorbeeld een personage bouwen enkel op het feit dat hij of zij binnen zijn zinnen voortdurend de neiging heeft om op te sommen, om met elk onderdeel van de opsomming nog extra kracht bij te zetten aan zijn gevoelens of gedachten:

30. Dit is de refreintekst van het lied 'Opzij' van Herman van Veen.

EDWARD VAN DAM:
Voor zijn gerief heeft Van Dam zijn duim niet nodig, juffrouw. En zelfs al deed mijn duim dat, dan nog, dan zou je dat als een eer moeten beschouwen en Van Dam én zijn duim dáárvoor minutenlang *en plein public* danken.[31]

Als je de laatste zin een paar keer hardop uitspreekt, hoor je de kortademige opsomming.

Bij sommige schrijvers krijgt de stilering met herhaling, ritme en melodie bijna poëtische kracht, zonder dat de levendigheid van de spreektaal verloren gaat. Kijk bijvoorbeeld naar een tekst uit het bekroonde stuk *2SKIN* van Rob de Graaf – in mijn ogen bovendien een prachtig voorbeeld van de gedachte om de basis van een personage en een mens te leggen bij het lichaam en het spreken en niet bij de psychologie.

ZIJ:
Dit is wat ik ben
Niet mijn daden en niet mijn gedachten
Niet mijn naam of mijn kleine geschiedenis
Maar dit lichaam bepaalt wie ik ben
Slordig beheerd instrument
Voortijdig versleten
Het lichaam rilde in die koude kamer
Het rillen werd een kramp, een hongerkramp
Het lichaam formuleerde woordeloos zijn wil:
Het wilde nog één keer iets hards en warms en reusachtigs omvatten
En zelf worden omvat door een blinde, doelgerichte kracht
Het koortsige kind hunkert naar een koele hand op het gloeiende voorhoofd –
Dit lichaam hunkerde naar de zachte binnenkant van harde handen
Ik ben nog blijven liggen en toen ben ik opgestaan
Ik word oud

31. Hugo Claus, *Serenade* (IT&FB, Amsterdam 1984), p. 50.

Ik ga dood
Ik ben oud
Ik ben al dood
Heb ik hardop gezegd
Nee B toch nog niet
Nog niet dood B nog zoeken, nog willen
Nog dat verlangen voelen
Nog alles willen doen en alles willen zeggen.[32]

Bij het schrijven van spreektaal en de stilering van het spontane is het tot slot raadzaam om een helder onderscheid te maken tussen personage, schrijver en publiek. Dat lijkt voor de hand te liggen, maar is van wezenlijk belang om techniek, intentie, betekenis en effect bij het schrijven uit elkaar te houden.

Om dit met een voorbeeld toe te lichten een heel eenvoudige schrijfvraag: hoe schrijf je spreektekst voor een krankzinnig personage? Hoe geef je zo iemand taal? Toen dramaschrijfster Ietje Gildemacher dit onderzoek deed in de toneelliteratuur, onder andere bij *King Lear* van Shakespeare en *Tanchelijn* van Harry Mulisch, kon ze de waanzin terugvoeren tot een aantal heel concrete talige technieken op woord en zinsniveau.[33] Die liep van het gebruiken van destructieve werkwoorden en het weglaten van lidwoorden tot een snelle schakeling in spreekrichting, emotie en onderwerp. Elke talige techniek van de schrijver verwees naar een soort ziektebeeld van het personage, maar die talige techniek had vervolgens ook nog een effect op de luisteraar en de kijker. De spreektaal dient dus niet enkel om het ziektebeeld van het personage te illustreren. Wanneer Tanchelijn voortdurend voortijdig vergaande conclusies trekt, dan is het ziektebeeld achterdocht en achtervolgingswaanzin, maar het effect van de talige techniek op de luisteraar is een ongemakkelijke verwarring, die hem het gevoel geeft van gevaar.

Wanneer de schrijver niet het onderscheid maakt tussen talige

32. Rob de Graaf, '2SKIN', in *Terugkeer; 9 theaterteksten van Rob de Graaf* (IT&FB, Amsterdam 2001), p. 270.

33. Ietje Gildemacher, *Waanzin & Wartaal; Onderzoek naar talige technieken voor het creëren van waanzinnige personages* (afstudeerscriptie opleiding dramaschrijven HKU, Utrecht 2001).

techniek, betekenis voor het personage en effect op het publiek, kan het schrijven van spreektaal snel vervallen tot het illustreren van een personage, het zo goed mogelijk nabootsen van hoe je dénkt dat men in bepaalde groepen of milieus praat. Je probeert je dan zoals we zagen wanhopig te verzekeren van externe geloofwaardigheid.[34]

De basis van levende spreektaal is de directe interactie waaruit die ontstaat en zich ontwikkelt. Daarom is de moeilijkheid én de schoonheid ervan dat spreektaal niet zozeer te verzinnen als wel te 'betrappen' is. Vaak is het telkens hardop variëren van een zin genoeg om plotseling het direct levende effect van een dialoog te herkennen. Wanneer we het horen, weten we of het loopt, of het zingt, of het raakt. Kortom, of het leeft.

34. Dat is uiteindelijk ook de makke van het boek van Rib Davis, *Writing Dialogue for Scripts* (A&C Black, Londen 1999 (2)). Hoe helder hij ook naar spreektaal kijkt, zijn doel is toch steeds om het spreken in de werkelijkheid zo goed mogelijk na te bootsen.

Tussenscène – *Oom Hein leert zijn neefje schrijven* (2)

(Jan heeft na enige weken de stoute schoenen aangetrokken en moeder gevraagd waar oom Hein woont, want hij wil op bezoek.)

MOEDER:
Wat moet je met die flapdrol
met die lapzwans?
Die man is kierewiet

JAN:
Dat zijn mooie woorden

(Dan geeft moeder het adres maar. Jan gaat erheen.
Hij zal hem alles vragen. Ze zullen uren praten over toneelstukken en hoe je die schrijft.
De deur van het appartement staat open.
Jan loopt door de gang. Rechts de woonkamer. Een tafel, een kast, een bank en een paar stoelen. Aan de muur een oud affiche van een komedie die oom Hein ooit geschreven heeft. Het raam links kijkt uit op het plein.
Oom Hein, een vermoeide, voorovergebogen man van in de vijftig, zit op een stoel voor de geopende ijskast.
Hij kijkt niet op als Jan binnenkomt.)

OOM HEIN:
Oude kaas
of oude worst
Ik weet niet wat ik moet kiezen
Zojuist is mijn vrouw weggelopen
omdat ik de keuze niet kan maken tussen
oude kaas
of oude worst
op mijn brood
Misschien kan ik de keuze tussen

oude kaas
en oude worst wel niet maken
omdát mijn vrouw is weggelopen
Het gaat erom een beslissing te nemen
Nemen we een beslissing
is het altijd de verkeerde beslissing geweest[1]
En toch gaat het erom:
oude kaas
of oude worst
Je denkt:
oude kaas dat is het

(Oom Hein neemt oude kaas uit de ijskast.)

maar dan opeens is de gedachte
dat dat betekent dat je geen oude worst zult eten
onverdraaglijk

(Oom Hein legt de oude kaas terug en neemt de oude worst.)

Wat is hier aan de hand?
Ik vraag me al de hele tijd af:
wat is er nu precies aan de hand?
Treur ik om mijn vrouw
of kan ik niet kiezen
tussen de oude worst
en de oude kaas
Uiteindelijk weet ik maar één ding zeker
Dat ik het koud heb
omdat de ijskast openstaat
De deur van de ijskast staat open
vanwege de worst en de kaas
De deur van mijn huis staat open
vanwege mijn weggelopen vrouw

1. Deze drie regels, evenals het dilemma over oude kaas en oude worst komen uit het toneelstuk *Einfach kompliziert* van Thomas Bernhard (Suhrkamp Verlag, Frankfurt am Main 1986).

Ik weet niet eens door welke openstaande deur
ik het op dit moment koud heb

JAN:
Sorry oom Hein dat ik stoor
ik wilde wat vragen over toneelschrijven

OOM HEIN:
Ja

JAN:
Eigenlijk maar één vraag

OOM HEIN:
Jaja

JAN:
Wanneer weet je nou wanneer iets echt dramatisch is?

OOM HEIN:
Jajaja

JAN:
Sorry
U luistert niet
U zegt alleen maar 'ja'
Ik laat u alleen

(Jan loopt naar de deur.)

OOM HEIN:
De eerste keer zei ik 'ja'
dat is:
'ik hoor je
ik heb je verstaan'
De tweede keer zei ik 'jaja'
dat is:
'het zal wel

ik geloof je niet'
De derde keer zei ik 'jajaja'
en dat was:
'ja het is niet eenvoudig
vertel verder'
Dus om nou te zeggen
dat ik steeds hetzelfde zeg:
Nee

(Jan loopt weer terug naar oom Hein.)

Je weet niet waarom je kwam
en je weet niet waarom je weer gaat
Je kijkt naar me
en je weet bij God niet wat ik zit te doen
Ik weet het ook niet
Overkomt het je weleens dat je ergens bent
en opeens op een bepaald moment
niet meer weet wat je daar eigenlijk ook al weer kwam doen?
Dat heb ik nu
Geen idee
Dat je de ijskast open doet
en opeens niet meer weet wat je kwam doen
Geen benul
Of dat je de ijskast in kijkt
en weet dat er een reden was om je niet goed te voelen
maar je kunt je de reden niet meer herinneren
Of je kijkt de ijskast in
en plotseling heb je geen idee hoe zo'n ding eigenlijk heet
Je weet wel waar hij voor is
maar je weet niet meer hoe hij heet
Er schiet je niets te binnen
Dan moet ik wachten totdat mij iets te binnen schiet
dat kost enige tijd
dan moet ik mij weer opbouwen
woord voor woord
Zo'n seconde
als mij niets te binnen schiet

tussen twee gedachten in
tussen twee keuzes
tussen twee gevoelens
mét twee gevoelens
dubbel snap je?
Misschien is dat wel theater
Maar zelfs dan nog weet ik niet:
de oude worst of de oude kaas
Snap je dat?
Waarom neemt een mens in godsnaam nu kaas
of juist worst?
Ik heb geen idee

(Jan gaat naast zijn oom zitten.)

JAN:
Het is toch niet zo belangrijk oom
Wat maakt het nou uit
U blijft toch mijn oom

OOM HEIN:
Dat is het nou juist Jan
Als ik de oude kaas eet
draag ik een jurk
scheer ik mijn benen
steek ik mijn haren op
Eet ik de worst
til ik mijn gewichten
koop een kratje pils
en kom ik rukkend klaar
Ik ben een ander mens
Een ander personage
Met één woord
Met oude kaas of oude worst

JAN:
En kiest u niet
dan hebt u het koud voor de open ijskast

(Lange stilte. Ze kijken beiden de open ijskast in.)

OOM HEIN:
Jan

JAN:
Ja

OOM HEIN:
Zie je wat daar ligt
daar
naast de oude kaas?

JAN:
Ja

OOM HEIN:
Wat dan?

JAN:
Een toneelstuk

OOM HEIN *(lachend)*:
Een komedie
Jazeker
een komedie

5. Op je buik schrijven

Schrijven zonder planning

> Schrijven is een fysieke bezigheid. (...) Muziek. Ritme. Eén vinger op de toetsen. Koffie. Zo schrijf ik. Ritmisch. Associatief. Als een dichter. Het ene woord lokt het andere uit. Zoals je praat. Want wanneer je een zin uitspreekt, weet je ook niet hoe die eindigt of wat erna komt. Het wiskundige deel van het schrijven, het maken van een opzet of een outline, ligt me dan ook niet. Ik vind het niet inspirerend.[1]

Schrijven is als spreken. Beter gezegd: het schrijfproces kan veel soepeler verlopen wanneer we het opvatten als een gesprek, als een voortdurend op microniveau reageren en variëren op wat we opvangen om ons heen, en vooral ook op dat wat we op het moment zelf aan het zeggen en het schrijven zijn. Het deel van schrijven dat op spreken lijkt is flexibel omdat het makkelijker schakelt tussen de verschillende onderdelen van het schrijfproces.

Toch lijkt er op deze aanpak een taboe te rusten, dat mijns inziens te maken heeft met het ongecontroleerde, het chaotische karakter van het spreken, dat in dit reagerende schrijfproces is gesystematiseerd. Taalfilosoof Michel Foucault beschrijft fraai hoe het spreken zelf ons angst inboezemt.

> Iets als een doffe vrees voor deze gebeurtenissen, deze massale hoeveelheid bewoordingen, voor het opwellen van al die uitingen, voor alles wat er gewelddadig, discontinu, strijdlustig, wanordelijk ook en hachelijk aan is, voor het grote onophoudelijke en ordeloze gonzen van het spreken.[2]

1. Don Duyns, 'Schrijven is een fysieke onderneming', in *De Theater NV*, jrg. 1, maart 2003, p. 18.
2. Michel Foucault, *De orde van het spreken* (Boom, Meppel/Amsterdam 1988 (1971)), p. 62.

Om deze chaos te beteugelen en te ontkennen, hanteren we in het taalgebruik drie aannames, die we al kort in de vorige hoofdstukken tegenkwamen en die in feite ten grondslag liggen aan de mythen van het schrijverschap.

Allereerst doen we net alsof er een directe lijn loopt van gedachte naar schrijven of spreken: je beschrijft wat je eerst gedacht hebt. Hierdoor hechten we overdreven veel aandacht aan planning voor het schrijven, aan het zogeheten lineaire schrijfproces. We ontkennen daarmee dat een gedachte ook uit taal en schrijven zelf kan ontstaan.

Vervolgens nemen we aan dat er ook een logische verbinding loopt van de individuele ervaring naar de taal. Het lijkt zo simpel: je beschrijft gewoon wat je hebt ervaren. Toch weet iedereen hoezeer je ervaring gekleurd wordt door je ideeën, door je oordelen, door je conditioneringen – ja, zelfs door de woorden die je gebruikt om de ervaring te beschrijven. Te vaak in mijn leven heb ik heviger geloofd in mijn beschrijving van de ervaring dan in mijn ervaring zelf. En toch zit ik avonden lang te praten in de rotsvaste overtuiging dat ik precies kan verwoorden wat ik heb ervaren.

De derde aanname is dat we denken dat betekenis met taal direct wordt overgedragen van de schrijver naar de lezer of van de spreker naar de luisteraar. Dit geloof in een soort logische communicatie wordt met name in het theater ontkracht, wanneer we zien dat een tekst een heel ander effect kan sorteren dan de betekenis die hij lijkt te bezitten. Van een pessimistisch betoog kan ik als kijker zonder probleem vrolijk worden.

Deze drie aannames drukken ons bij het schrijven keer op keer in een lineair, logisch en vooral bewust schrijfproces.[3]

In de vorige hoofdstukken hebben we de contouren geschetst van een recursief schrijfproces, waarbij planning minder centraal

3. Deze drie aannames lopen parallel aan de middelen die Michel Foucault noemt en waarmee in zijn ogen een ideale waarheid wordt voorgespiegeld, waardoor we ons sterk beperken in wat we mogen en kunnen zeggen of schrijven. Zie *De orde van het spreken* (Boom, Meppel/Amsterdam 1988 (1971)), p. 17 en p. 59-61.

staat en bovenstaande aannames worden omzeild. Schrijvers, schrijfdocenten en schrijfboeken hebben er over het algemeen een handje van dit recursieve schrijfproces op een zeer slimme wijze te bagatelliseren: ze noemen het 'het onderbewuste'. Alles wat in het schrijven niet rechtlijnig gebeurt, komt als een moerasgas uit het onderbewuste omhooggeborreld, en dát is dan het werkelijke talent van de schrijver – maar helaas helaas kunnen we daar niets zinnigs over zeggen:

> Was wir 'genial' nennen, entstammt also nicht dem bewussten, sondern dem unbewussten Teil unseres Geistes. Ein künstlerisches Meisterwerk entsteht niemals durch willentliches Abwägen, Ausbalancieren, Zusammenstreichen oder Erweitern. Es nimmt abseits des bewussten Verstandes Gestalt an. Das Bewusste kann vieles, aber es kann Ihnen weder Genialität verleihen, noch Talent, das eng mit der Genialität verwandt ist.[4]

Door het recursieve schrijfproces te plaatsen op het voetstuk van talent en genialiteit wordt het chaotische, levende karakter ervan ontkend en daarmee onschadelijk gemaakt.

In dit hoofdstuk ga ik een hachelijke poging wagen om dit 'onbewuste' in het schrijfproces te systematiseren en te benoemen. Hoe schrijf je zónder planning, hoe gaat een recursief schrijfproces uiteindelijk in zijn werk?

Er is niemand die bij het schrijfproces het onbewuste deel ontkent. Het draagt vele namen, die even intrigerend als nietszeggend zijn. Sybren Polet noemt het 'spontaan denken'[5] en Renate Dorrestein heeft het over 'onbevangenheid' en 'de vrije

4. Dorothea Brande, *Schriftsteller werden* (Berlijn 2001 (New York 1934)), p. 114.

5. '(...) dat een te vroeg evalueren, reationaliseren en beperken het spontane denken blokkeert en de inventieve stroom afremt. De technieken voor creativiteitstraining die de laatste veertig jaar zijn ontwikkeld, leggen hier de nadruk op en verbieden een te snelle inventarisatie en evaluatie.' Sybren Polet, *De creatieve factor, Kleine kritiek der creatieve (on)rede* (Querido, Amsterdam 1996 (1993)), p. 35.

teugel'.[6] Iets minder zweverig is het concept van de twee hersenhelften, dat binnen het schrijven geïntroduceerd is door Gabriele Rico.[7] Een mens heeft twee hersenhelften, waarvan de linker logisch, rationeel en rechtlijnig functioneert en de rechter beeldend, intuïtief, associërend en combinerend te werk gaat. Bij het gebruik van taal zijn we gewend geraakt de linkerhersenhelft te gebruiken.

Het onbewuste wordt vaak met de rechterhersenhelft verbonden. De werking daarvan is weliswaar intuïtief en associërend, maar verre van vaag. Deze helft maakt essentiële onderdelen van het schrijfproces mogelijk, zoals 'beeldend' en 'combinerend'. We weten dat het essentieel is om beeldend te schrijven en om door het combineren van zinnen, gegevens en ideeën de mogelijkheid van een verhaal te onderzoeken, en we weten ook dat het rationele, plannende schrijven ons daarbij weinig kan helpen. Rico en vele anderen hebben schrijfoefeningen ontwikkeld om juist de rechterhersenhelft bij het schrijfproces te activeren.

Het is curieus dat de tegenstelling tussen de twee hersenhelften weerspiegeld wordt in de dubbelheid die ik in het vorige hoofdstuk besprak, ook al staan hier termen van het schrijfproces (hersenhelften) en schrijfproduct (dubbelheid) tegenover elkaar. Wellicht is de conclusie te trekken dat voor een goede beschrijving van de dubbelheid een schrijfproces aan te raden is waarbij beide hersenhelften actief ingezet worden. Als ik bij-

6. 'Dat wat men "talent" noemt, is onder meer het vermogen om te onderscheiden waar de vaste hand en waar de vrije teugel benodigd is. Op deze twee pijlers berust het welslagen van fictie, en de een bezwijkt bij ontstentenis van de ander. Het idee van "techniek" hoeft de onbevangenheid overigens niet in de weg te staan.' Renate Dorrestein, *Het geheim van de schrijver* (Contact, Antwerpen/Amsterdam 2000), p. 65-66.

7. Gabriele Rico, *Garantiert schreiben lernen; Sprachliche Kreativität methodisch entwicklen; ein Intensivkurs auf der Grundlage der modernen Gehirnforschung* (Rowohlt Verlag, Reinbeck bei Hamburg 2000 (1983)), hoofdstuk 4, p. 64-90. Een eenvoudige, heldere beschrijving is ook te vinden bij Cocky van Bokhoven, *Je weet niet wat je schrijft* (Stichting Schrijven, Amsterdam 1999).

voorbeeld een personage nodig heb dat verdrietig is om de dood van zijn geliefde, maar *tegelijkertijd* opgelucht (dubbelheid), dan levert misschien juist de intuïtieve rechterhersenhelft mij bij het schrijven de juiste beelden op om de irrationele opluchting van het personage vorm te geven. Maar hoe zet je je rechterhersenhelft bij het schrijven in?

De tegenstelling tussen de twee hersenhelften in het creatieve proces komen we bij veel schrijvers en theoretici tegen, zij het steeds met andere benamingen. Zo noemt filosoof en tragedietheoreticus Friedrich Nietzsche de logische, rationele kant 'apollinisch' en de intuïtieve kant 'dionysisch', en noemt Arthur Schopenhauer het ene 'voorstelling' en het andere 'wil'.

Veel belangrijker dan deze filosofische termen is het begrippenpaar dat bij de bespreking van die tegenstelling naar voren komt en van beslissende invloed is op het creatieve proces: steeds weer wordt voor je het weet het rationele, plannende deel met de geest verbonden en het irrationele deel met het lichaam. We zullen zien dat bij een systematisering van het onbewuste, van de rechterhersenhelft in het schrijfproces, voortdurend lichaam en zintuigen centraal zullen staan. We zagen in het hoofdstuk over spreektaal al hoezeer spreken met ritme, klanken en subtekst ook een lichamelijk proces is. Waar de geest altijd in het verleden of in de toekomst leeft, verkeert het lichaam altijd in het nu. Het lichaam kan niet plannen.

Voordat we een aantal manieren gaan bekijken hoe je de rechterhersenhelft in het schrijven kunt activeren, wil ik nog eenmaal – wellicht ten overvloede – de link leggen naar het schrijfprocessenmodel uit het tweede hoofdstuk. De onderstaande werkwijzen zijn inhoudelijk zeer verschillend, maar ze werken geen van alle met het lineaire schrijfproces, waarbij het schrijven komt ná het plannen, ná het bedenken.

Hoe komt het toch dat de mythe van rationeel vakmanschap, van 'veel plannen = goed schrijven' zo overheersend is. Hij zal toch niet waar zijn? Prozaschrijver Ford Madox Ford heeft eens gezegd:

> Het komt voor, heel vaak zelfs, dat ik iedere scène en ieder gesprek daarin dat voor mijn roman van belang is, tot in het klein-

> ste detail plan, vóórdat ik me werkelijk aan het schrijven zet. Ik kan niet beginnen voordat ik helemaal vertrouwd ben met de ruimte waar zich mijn scène afspeelt. Ik moet de vorm van de ramen met mijn eigen ogen gezien hebben, weten hoe de deurknop werkelijk aanvoelt...[8]

Het lijkt alsof vooral het schrijven van non-fictie voor die mythe verantwoordelijk is. Omdat in artikelen, nota's en sollicitatiebrieven de directe overdracht van informatie centraal staat, is daar een plannend schrijfproces op zijn plaats. Je moet immers vooraf weten wat je wilt gaan overbrengen. Toch merk je dat in columns, pamfletten of ingezonden brieven er al van meer sprake is dan van alleen informatieoverdracht, en dat het schrijfproces erbij gebaat is daar niet meer louter lineair te zijn.

> Het denken blijkt meestal in de praktijk moeilijk van doen te scheiden. De tekstproductie zelf heeft dikwijls een conceptualiserende functie. Door te schrijven komt men op ideeën en is het derhalve onverstandig om leerling-schrijvers te dwingen een lineair schrijfproces te doorlopen.[9]

Ook binnen het fictieschrijven zijn er echter hele genres waar het primaat van het lineaire schrijfproces vrijwel onaantastbaar is. Bijna elk *how to*-boek over scenarioschrijven werkt strak met veel planning vóór je uiteindelijk de tekst en de beelden gaat schrijven. Daar zie je ook dat het vele plannen parallel loopt met werken van grote naar kleine eenheden. Je hoort als scenarioschrijver volgens het boekje eigenlijk eerst een thema te hebben, van daaruit een premisse, dan een kernsynopsis, vervolgens een scenische synopsis, een *treatment*, en eigenlijk dan pas vul je beelden en woorden in.

8. Hij schreef het in zijn werk *Het was de nachtegaal*. De regels zijn geciteerd in Dorothea Brande, *Schriftsteller werden* (Autorenhaus Verlag, Berlijn 2001 (New York 1934)), p. 108.
9. Zie Daniël Janssen, 'Schrijven en schrijfprocessen', in *Schrijven aan beleidsnota's* (Groningen 1991). Merk op dat Janssen het hier niet eens heeft over creatief schrijven, maar over non-fictie.

Wanneer we in dit hoofdstuk manieren bespreken om te schrijven zonder planning, gaat het er niet om het nut van planning voor het schrijven aan te tasten, maar om de overwaardering ervan ter discussie te stellen. Een mythe houdt geen waanidee in, maar is een waarheid die overtrokken proporties heeft aangenomen. Schrijven zonder planning breidt het aantal schrijfstrategieën uit en maakt op die manier het schrijfproces flexibeler.

> *Dolly of avocado's bij de lunch* was mijn eerste geheel zelfgeschreven stuk. Het kwam voort uit mijn woede over een subsidieafwijzing van CRM om met het projecttheater een regie van Bernhard te doen. Ik heb toen in één nacht voor de reeds geëngageerde acteurs dit stuk geschreven. En dat lukte! Diezelfde methode van schrijven, een soort *écriture automatique*, heb ik vaker toegepast, bijvoorbeeld bij *The Rhinestone Queen* en *Eczeem.*[10]

De eerste techniek voor schrijven zonder planning is *achter elkaar door schrijven.* Je plant niet alleen weinig, maar je leest ook nauwelijks terug terwijl je aan het schrijven bent. Vaak wordt dit *freewriting* genoemd. Als kunstvorm heette het *écriture automatique* en werd het toegepast door de surrealisten in de jaren dertig van de vorige eeuw. Freewriting als schrijfmethode is ontwikkeld door Peter Elbow in zijn boek *Writing Without Teachers*:

> This idea of writing is backwards. (...) Only at the end you will know what you want to say or the words you want to say it with. Writing is a way to end up thinking something you couldn't have started out thinking. (...) The real inefficiency is

10. Toneel- én scenarioschrijver Gerardjan Rijnders in: Carel Alphenaar e.a. (red.), *De goden van het theater; 22 Nederlandse en Vlaamse toneelschrijvers aan het woord* (Harlekijn, Westbroek 1983), p. 124-125. 'Zijn taal, neergeschreven onder invloed van drank en andere stimulerende middelen, opent werelden waarin droom, hallucinerende ervaringen en angsten ongemerkt in elkaar overlopen.' Robert Steijn over Rijnders, 'Het vermogen van de Taal', in *De Gids*, theaternummer, jrg. 155 nr. 10-11, oktober-november 1992, p. 798.

> to beat your head against the brick wall of trying to say what you mean or trying to say it before you are ready.[11]

Je houdt je hand in beweging, kijkt niet terug, gaat niet herschrijven of plannen en let niet op leesbaarheid of spelling. Doordat je daarmee je rationele controle verliest worden verschillende onderdelen uit het schrijfproces even uitgeschakeld.[12] Je oordeelt niet meer over je eigen tekst en je denkt niet aan de normen, voornemens of bedoelingen die je hebt of had. Hierdoor is er meer ruimte voor associaties, ritme en onverwachte beelden.

Freewriting wordt door veel docenten creatief schrijven[13] vaak alleen als een losmakende startoefening gebruikt, en dat is jammer. Doordat de techniek hamert op het vrijmaken van de stroom van het schrijven en het uitschakelen van het oordeel, krijgt de oefening snel iets willekeurigs, waarbij de tekst er niet meer toe doet en alles wat er geschreven is goed is. Voor je het weet, streeft de oefening dan niet langer naar een betere tekst, maar dient ze een dubieus therapeutisch doel.

> Studenten uit een beginnersklas barsten vaak in tranen uit als ze lezen wat ze hebben geschreven. Dat is goed. Ze huilen ook vaak als ze schrijven. Ik spoor ze aan door hun tranen heen te blijven lezen of schrijven, zodat ze er vaak aan de andere kant uit komen zonder meegesleurd te worden door hun gevoelens. Houd niet op als je moet huilen, dring tot de waarheid door. Dat is je taak.[14]

Achter elkaar door schrijven kan veel directer en concreter ge-

11. Peter Elbow, *Writing Without Teachers* (New York 1973), p. 14-15.
12. Zie het schrijfprocesmodel in hoofdstuk 2.
13. Het is onder andere te vinden in de boeken van Gabriele Rico en Cocky van Bokhoven, en ook bij Nathalie Goldberg, *Writing Down the Bones; Freeing the writer within* (Boston/Londen 1986), drie jaar geleden vertaald met de o zo eigentijdse titel *Zen en de kunst van het creatief schrijven.*
14. Natalie Goldberg, *Zen en de kunst van het creatief schrijven* (Becht, Haarlem 2000), p. 24.

bruikt worden wanneer je de teksten die uit die werkwijze voortkomen wel degelijk als basis voor een uiteindelijke tekst gebruikt. Je kunt jezelf er allereerst in trainen om achteraf telkens de geschreven teksten door te lezen op zoek naar metaforen of beelden die je niet snel in alle rust en afweging zou bedenken. Vaak zijn het redelijk onlogische, rauwe, lijfelijke beelden. Je houdt die beelden en zinnen over en gooit de rest weg.

Nog belangrijker is te leren herkennen wanneer je deze schrijfmethode voor een specifiek deel van je tekst kunt inzetten. Wanneer je een kloppend verhaal in elkaar moet zetten, zal niemand ontkennen dat plannen bijzonder zinvol is. Maar beland je in dat verhaal bijvoorbeeld bij een scheldkanonnade van een van de personages, dan is het handig om die monoloog achter elkaar door te schrijven, zodat je het ritme en de stroom van de uitbarsting kunt voelen terwijl je schrijft. Later haal je dan de overtollige, saaie vloekwoorden weg en houd je de onverwachte beelden en metaforen van boosheid en gekanker over. Vervolgens kun je die geslaagde, rauwe, ritmische beelden uitbouwen door ze te variëren en te herhalen, zoals we dat in het vorige hoofdstuk hebben gedaan.[15] Het achter elkaar door schrijven is dan niet langer een losmaakoefening vooraf maar een gerichte schrijfstrategie die kan worden ingezet op het moment dat het nodig is. Het is heel goed mogelijk dat de volgende scheldkanonnade van Rijnders op die wijze tot stand is gekomen:

> MOEDER: Godverdomme. Klerelijers. De likdoorns aan mijn ziel zijn jullie. Altijd moeten jullie storen. Ik sta op het punt eindelijk uit te spreken wat me van jongs af aan intens bezighoudt en onontkoombaar deprimeert. Mijn dodelijk cynisme. Al die flarden die in mijn brein ronddobberen op golven campari. Ik wilde ze verdichten tot parels van geconcentreerde waarheid. De essentiële vragen van het leven. Ik wilde ze niet beantwoorden, maar wel scherpstellen: bestaat de tijd? Is de geschiedenis

15. Het op die manier schrijven én herschrijven van een scheldkanonnade was jarenlang de door Pieter Vrijman gegeven selectieopdracht voor de schrijfopleiding aan de Hogeschool voor de Kunsten in Utrecht.

> niet meer dan een hersenspinsel? Is de klassenstrijd een even grote mythe als de wedkamp tussen geest en materie? Is macht onontkoombaar? Is de maatschappij een even bittere noodzaak als ouderdom, haaruitval en rottende tanden? Deze verbale explosie vernielen jullie nog voor de lont ontstoken is. Etters. Van mij zullen jullie geen zinnig woord meer horen. Van jullie heb ik nooit iets verwacht. Krijg de kanker. *(Ze zakt uitgeput in haar stoel.)* Wat komen jullie eigenlijk doen?[16]

Bij het achter elkaar door schrijven wordt niet alleen het plannen uitgeschakeld, maar vooral wordt het terugkijken naar wat je geschreven hebt opgeschort. Voor schrijvers die de neiging hebben te snel oordelend terug te kijken en dus een zin zes keer om te draaien zonder een stap verder te komen is het een handige manier om überhaupt tot tekstproductie te komen.

Een volgende techniek om te schrijven zonder te plannen is het *beschrijven van een moment.* Waar plannend schrijven werkt van groot naar klein, start het recursieve schrijfproces vanuit kleinere eenheden. 'Het moment' is er daar een van. In het eerste hoofdstuk plaatste ik bij het bespreken van de gedachten van Foucault het moment tegenover de psychologie. Ik schreef daar:

> In mijn werkwijze is de kern van de gebeurtenis het korte moment. Het moment van de klap, de keuze, de omslag, de pointe, de dood; het moment dat precies aan te wijzen is en direct effect sorteert. Het moment is nadrukkelijk níét het voorbeeld van een groter geheel.
>
> Als een personage sterft, kun je je afvragen waarom. Die vraag richt zich op de geschiedenis van het personage, maar niet op de gebeurtenis van dat moment. Daarvoor dien je niet te vragen 'waarom?' maar 'waarom nu?'. Waarom op dat moment, waarom op die plek? Dat verlegt de focus van de geschiedenis naar de gebeurtenis, van de psychologie naar het moment.

16. Gerardjan Rijnders, *Dollie of avocado's bij de lunch,* in: Gerardjan Rijnders, *Toneel* (IT&FB, Amsterdam 1992), p. 33.

Het blijkt ingewikkelder dan je denkt om een willekeurig moment uit je leven helder te beschrijven. Meestal blijkt de feitelijke herinnering bezoedeld te zijn door onze eigen conclusies en oordelen over die ervaringen:

> When there is no psychological memory, the factual memory is very accurate – because the psychological memory is a disturbance. When you are very much psychologically disturbed, how can you remember accurately? It is impossible.[17]

Dat is al het geval bij de keuze van een moment. Niet het hele geheugen is beschikbaar. Talloze momenten zijn al als het ware gewist, omdat ze als saai, irrelevant of niet spectaculair zijn beoordeeld.

Het gevoel voor het moment hangt direct samen met zintuiglijke precisie. Daarom is het aan te raden bij het trainen van het schrijven van momenten om ervaringen uit het kortetermijngeheugen te nemen, dus gebeurtenissen die maximaal een à twee dagen geleden hebben plaatsgevonden. Meestal bestaat er aan dergelijke momenten nog een zintuiglijke herinnering, terwijl aan herinneringen van langer geleden vaak een conclusie en een oordeel zijn vastgeplakt ten koste van de zintuiglijke indrukken.

> Een conclusie over een ervaring is iets anders dan de reactie op een ervaring.[18]

17. Osho, *Creativity; Unleashing the Forces Within* (St. Martin's Griffin, New York 1999), p. 140.

18. Prozaschrijfster Remke Veelen in haar interessante onderzoek *Spaceschrijven; hoe je kunt schrijven zonder vooraf te plannen* (afstudeerscriptie docentschap literaire vorming, schrijfopleiding HKU, Utrecht 2001), p. 28. Ze geeft daar ook een eigen voorbeeld van een geschreven moment:

> 'Remke,' – William rent op mij af – 'ik heb een nieuwe jas.' Hij draait een rondje, terwijl hij zijn linkerhand voor zijn borst houdt. Zijn gezicht komt langzaam naar me toe. Ik zie dat hij even zijn hand voor zijn borst weghaalt.
>
> 'Kijk dan,' fluistert hij in mijn oor, 'een NafNaf-jas.' Hij lacht en houdt snel zijn hand weer voor zijn borst. 'Tegen niemand zeggen hoor, anders gaan ze het merkje eraf jatten.'

Het zintuiglijk, direct beschrijven van autobiografisch materiaal uit het kortetermijngeheugen als basis voor het schrijven is een bijzonder succesvolle methode gebleken om kinderen te laten schrijven en spreken. Hoe die teksten tot stand komen, hoe je ze samen met hen kunt verbeteren en herschrijven tot proza én tot poëzie is in vele uitgaves van de Taalvorming op nauwkeurige wijze vastgelegd.[19] Opmerkelijk genoeg blijkt deze methode ook ideaal te zijn in de training van literaire schrijvers.

Het leren inzoomen op een moment verlegt de aandacht van psychologie naar directe motivatie. Dat lijkt hetzelfde, maar er zit een wezenlijk verschil tussen. Wanneer Medea haar kinderen vermoordt, bedenken we haar psychologische beweegreden in twee minuten (jaloezie om overspelige man), maar wanneer we inzoomen op het moment dat ze toesteekt, is de vraag 'Waarom nú en niet vijf minuten eerder of later?' veel urgenter. De directe motivatie komt vaak uit de irrationele rechterhersenhelft. De reden waarom Sophie in de film *Sophie's Choice* uiteindelijk kiest voor een van haar twee kinderen is een ridicuul detail (ze ergert zich éven aan het gehuil van haar dochter en beslist op die grond plotseling dat kind op te offeren).

Een zintuiglijk heldere beschrijving van het moment leert de schrijver te tonen in plaats van te vertellen. Je beschrijft geen gevoelens, maar zintuiglijke ervaringen. De schrijver leert op die manier een complexe ervaring eerst te ontdoen van de psychologie en dan uit elkaar te halen in enkelvoudige zintuiglijke indrukken. De filosoof John Locke geeft aan dat wat wij via onze zintuigen waarnemen enkelvoudige indrukken zijn. Van een appel ervaren we de kleur, de geur en de smaak afzonderlijk. Maar

19. Zie bijvoorbeeld de hoofdstukken over Frederice van Faassen en Karianne den Boer in: Aly Freije en Nirav Christophe (red.), *Er staat wat er staat; ideeën over schrijfdidactiek* (Stichting Lift/Hogeschool voor de Kunsten Utrecht, Amsterdam/Utrecht 1996), en Peter Dellensen en Leo Lentz (red.), *Taaldrukken; verder dan zeggen en schrijven; een handboek* (Bekadidakt, Baarn). Een heldere beschrijving van deze methode is ook te vinden in Jeannine Boset, Evert Hogendoorn en Mariken Jansen, *Zonder bril kan ik niet zien; gedichten maken met verstandelijk gehandicapten* (De Stiel/AGO, Nijmegen/Diemen 1998).

wanneer we vaker een appel hebben gegeten, maken we daar één complexe ervaring van. Het is de kunst, én de training, om weer, net als kinderen die alles voor de eerste keer meemaken, enkelvoudige ervaringen op te doen en in het schrijven op die manier momenten weer te geven.

Doordat je dan minder bezig bent met je oordeel over de situatie, ben je er ook minder mee bezig wat je wilt overbrengen en ga je vanzelf minder plannen. De tekst wordt daar over het algemeen helderder van.

Het schrijven van een moment is ook een uitstekende training voor het schrijven van drama. Juist bij drama is het moment hier en nu het centrum van de spanning:

> Maar het gaat er heel erg om dat het hier en nu moet gebeuren op het toneel. Dat het allemaal niet mag verwijzen naar iets dat ergens anders gebeurd is of zal gebeuren. Daarom denk ik ook dat het afluisteren van gesprekken zo interessant is – omdat het zich nú afspeelt. Het gaat er niet om of iemand iets heeft meegemaakt wat vreselijk is, wat je dan weet van dat personage, maar of er op dat moment iets uit komt dat vreselijk is. Heel simpel.[20]

Een aardige toepassing van het schrijven van een moment binnen drama is de zogeheten *uitloopscène*. Veel toneelstukken of films hebben vlak na de meest heftige en emotionele gebeurtenissen een uitloopscènetje, waarin niet veel gebeurt maar de kijker nog even de emotie uit de vorige scène kan navoelen. De laatste scènes bij *Baantjer* – iedereen met een borrel om de tafel – of bij *Derrick* zijn daar eenvoudige, wat lullige voorbeelden van, maar het kunnen ook bijzonder aangrijpende scènes zijn, terwijl er toch voor de personages of het verhaal praktisch niets meer gebeurt.

Een schitterend voorbeeld is de slotscène uit *Who Is Afraid of Virginia Woolf* van Edward Albee. Een ouder echtpaar heeft, met

20. Toneelschrijfster en dichteres Judith Herzberg, in: Carel Alphenaar e.a. (red.), *De goden van het theater; 22 Nederlandse en Vlaamse toneelschrijvers aan het woord* (Harlekijn, Westbroek 1983), p. 76.

een jong echtpaar als getuige, een nacht lang elkaar gekwetst, afgemaakt en het bloed onder de nagels vandaan gehaald. Alles is gezegd, alles is uitgesproken, alles is kapot. Het wordt licht, het jonge echtpaar verdwijnt en zij blijven over. En dan:

(zachte stemmen, traag spel)
GEORGE: Jij nog iets, Martha?
MARTHA: *(terwijl ze de andere kant op kijkt)* Nee... niets.
GEORGE: Mm. *(pauze)* Tijd om naar bed te gaan.
MARTHA: Ja.
GEORGE: Ben je moe?
MARTHA: Ja.
GEORGE: Ik ook.
MARTHA: Ja.
GEORGE: Morgen zondag. De hele dag.
MARTHA: Ja. *(na lang zwijgen)* Was dat nou nodig dat je...?
GEORGE: *(na pauze)* Ja.
MARTHA: Ja? Echt?
GEORGE: *(na pauze)* Ja.
MARTHA: Ik weet niet.
GEORGE: Het... werd tijd.
MARTHA: Ja?
GEORGE: Ja.
MARTHA: *(na pauze)* Ik heb het koud.
GEORGE: Het is erg laat.
MARTHA: Ja.
GEORGE: *(na lang zwijgen)* Het is beter zó.
MARTHA: *(na lang zwijgen)* Ik... eh... Ik weet het niet.
GEORGE: Ja, het is beter.
MARTHA: Ik weet het niet.
GEORGE: Ja. Toch wel.
MARTHA: Alleen... wij tweeën?
GEORGE: Ja.
MARTHA: Of zouden we misschien...
GEORGE: Nee, Martha.
MARTHA: Ik dacht... Nee.
GEORGE: Hoe voel je je nu?
MARTHA: Ik weet niet... Nee.

GEORGE: *(legt zijn hand op haar schouder; zij buigt haar hoofd achterover; dan zingt hij zachtjes)*
'Wie is er bang voor Virginia Woolf, Virginia Woolf, Virginia Woolf, Wie is er bang voor Virginia Woolf, vroeg in de morgen?'
MARTHA: Ik wel George... Ik wel...
(enige ogenblikken stilte; daarna valt het doek)[21]

Hoe is het mogelijk dat een tekst met zoveel 'ja's' en zo weinig informatie zo'n ontroerend effect kan hebben? Wanneer je een uitloopmoment probeert te schrijven, beperk je je zoveel mogelijk tot korte opmerkingen over het hier en nu, over zintuiglijke waarnemingen (kou, slaap enzovoort). Hoe leger de teksten zijn – en met 'leeg' bedoel ik dat er zo min mogelijk problemen en conflicten worden benoemd, hoe emotioneler de scènes werken. Het is alsof ik als lezer of toeschouwer mijn gevoel geheel kwijt kan in die lege tekst.

We moeten alleen niet het schrijfproduct en schrijfproces verwarren. Je kunt heel goed een moment met veel zintuiglijke ervaringen beschrijven, terwijl je keurig van tevoren plant. Het steeds weer trainen van het schrijven van momenten om tot lichamelijke, zintuiglijke beelden te komen ontkracht echter langzaam maar zeker de mythen van genialiteit, wijsheid en originaliteit.

De laatste twee technieken om de rechterhersenhelft te trainen bij het schrijven richten zich direct op de zintuigen. Het gaat om muziek en beweging.

Eerst schrijven en *muziek*.

> Wie ich meine Bücher schreibe: ich wurde sagen, es ist eine Frage des Rhythmus und hat viel mit Musik zu tun. Ja, was ich schreibe, kann man nur verstehen, wenn man sich klarmacht, das zuallererst die musikalische Komponente zählt und dann

21. Edward Albee, *Wie is bang voor Virginia Woolf?* (Publiekstheater-tekstboek, Amsterdam 1981 (1962), vertaling: Gerard Reve), p. 173-175.

erst an zweiter Stell das kommt, was ich erzähle. Wenn das erste einmal da ist, kann ich anfangen Dinge und Ereignisse zu beschreiben.[22]

Friedrich Nietzsche bouwde zijn tragedietheorie op uit het feit dat de tragedie ooit uit muziek en gezang ontstaan is, en om die reden zo'n duidelijk dionysische, onbewuste, irrationele kant heeft.

Talloze schrijvers hebben aangegeven dat muzikaliteit in hun teksten van belang is, maar weinigen zijn er duidelijk over hoe ze dat aspect in hun schrijfproces proberen te bevorderen.[23]

Heeft muziek invloed gehad op je schrijven?
PINTER: Ik weet niet hoe muziek mijn schrijven zou kunnen beïnvloeden. Wel zijn jazzmuziek en klassieke muziek erg belangrijk voor me. Ik voel in het schrijven wel een constant gevoel van muziek.[24]

In het citaat aan het begin van dit hoofdstuk verbindt Don Duyns muzikaliteit van teksten met associatief en ritmisch schrijven. Hijzelf bereikt dat door muziek op te zetten terwijl hij schrijft. Dit schrijven als reactie op muziek, en geïnspireerd op muziek, is een nuttige werkwijze en heeft meer concrete mogelijkheden in zich dan men denkt.

22. Thomas Bernhard in Programmbuch *Der Schein trügt*, (Schauspielhaus Bochum, nr. 52, 1984), p. 106.
23. In zijn boek *Schrijven van gedichten en verhalen* noemt dichter en toneelschrijver Cees van der Pluijm ook de belangrijkste elementen op waaruit volgens Aristoteles in zijn *Poetica* het drama – en volgens Van der Pluijm elk verhaal – moet bestaan: plot, personages, taal, ruimte en tijd. Hij verzuimt daarbij te zeggen dat Aristoteles nóg een element noemde, dat hij belangrijker vond dan alle andere: muziek. Cees van der Pluijm, *Schrijven van gedichten en verhalen* (L.J. Veen, Amsterdam, 2003), p. 155.
24. Geciteerd in: Kirsten Lyklama, *Verwoorden; een onderzoek naar het schrijfproces en de werking van theatertaal* (afstudeerscriptie DDV, Arnhem 2002), p. 32.

Vaak wordt de methode alleen gebruikt om in een bepaalde sfeer te komen. Iedereen kent waarschijnlijk wel de ervaring dat de toon van een brief die hij schrijft anders wordt wanneer hij Chopin op heeft staan dan wanneer hij Eminem op de achtergrond hoort. Muziek die alleen op de sfeer is gericht, blijft echter een vage inspiratiebron[25]. Dieptepunt op dit gebied is Dorothea Brande, die aanraadt muziek te gebruiken om in een slaapwandeltoestand te geraken, een 'artistiek coma', en zó je verhaal af te schrijven.[26]

Je kunt ook schrijven terwijl je muziek hoort om per kleinste eenheid een ritme en adem in de tekst te waarborgen. Wanneer ik een vermoeden heb welke sfeer een bepaalde scène moet hebben die ik ga schrijven, zoek ik niet muziek die bij de emotie van de scène aansluit, maar zoek ik een ritme dat bij de sfeer past. De minimal music van Simeon ten Holt hielp me op die manier veel bij het schrijven van de monoloog *De koningin van Sheba*, waarin een vrouw in de kelder van een ingestort huis steeds haar laatste gedachten herhaalt en varieert, tot haar geest uiteindelijk uitdooft. Wanneer ik eerlijk ben, startte ik met de muziek, en vanuit het ritme kwamen de teksten en van daaruit het idee van een monotone, zich herhalende monoloog.

Wanneer je sfeer of ritme van de muziek wilt gebruiken tijdens het schrijven, is het raadzaam niet-vocale muziek te kiezen. Teksten leiden je naar betekenis en daarmee naar de linkerhersenhelft, waardoor de muziek minder de rechterhelft kan stimuleren.

> Er moet sowieso muziek op staan als ik schrijf, er moet ritme zijn. Rachmaninov is het beste. Ik wil geen woorden horen. Van Radiohead krijg je maar rare teksten.[27]

25. Een voorbeeld hiervan is te vinden in het boek *Handboek voor het schrijven van gedichten* van Ankie Peypers en Kathinka van Dorp (Stichting IVIO, Lelystad 1996), p. 105. Je bent dan weer alleen maar aan het associëren en 'alles is goed'.

26. Dorothea Brande, *Schriftsteller werden* (Autoren Verlag, Berlijn 2001 (New York 1934)), p. 103.

27. Don Duyns, 'Schrijven is een fysieke onderneming', in *De Theater NV*, jrg. 1, maart 2003, p. 18.

Een andere, vrij onbekende manier om muziek te gebruiken tijdens het schrijven is het overnemen van de structuur van de muziek. Je neemt bijvoorbeeld een muziekstuk met niet te veel instrumenten[28] en volgt in je schrijven precies de structuur van de muziek. Elk instrument beschouw je dan als een stem en elke noot als een woord. Al schrijvende probeer je dan de muziek te volgen. In de snelheid – je houdt de muziek nooit helemaal bij – ontstaan er ongewone beelden en vreemde overgangen. Op dat moment is er dus sprake van associatie en ongepland schrijven, maar wel binnen het strakke schema dat de muziek aangeeft. Ikzelf voel dan direct hoe het ritme van de muziek de woorden oproept en stuurt. Ik zit mee te deinen achter mijn toetsenbord, zoals de oude vrouw in *Rockaby* van Samuel Beckett, die in haar schommelstoel meewiegt met haar gedachten:

(Schommeling en stem gelijk op)
Tot eindelijk
de dag kwam
eindelijk kwam
einde van een lange dag
toen ze zei
tegen zichzelf
wie anders
tijd dat ze ermee ophield
tijd dat ze ermee ophield
met heen en weer te lopen
een en al oog
naar alle kanten
boven en beneden
voor een ander
een ander zoals zij
een ander schepsel zoals zij
een beetje hetzelfde
met heen en weer te lopen

28. Voor mijn schrijfstudenten aan de Hogeschool voor de Kunsten gebruik ik vaak jazzmuzikant Charles Mingus en ook wel de *Goldbergvariaties* van Bach.

een en al oog
naar alle kanten
boven en beneden
voor een ander
tot eindelijk...[29]

Het is ook mogelijk op macroniveau de structuur van muziek als basis te nemen voor het schrijven. De ontwikkeling van een groter muziekstuk, bijvoorbeeld een opera, kan de basis vormen van de spanningsstructuur van je verhaal, ook al neem je de feitelijke plot en de personages niet over.

Zo heb ik in mijn laatste hoorspel *De meesterfluiters*, over de gefingeerde ontmoeting van de twee veertienjarige jongens Adolf Hitler en Ludwig Wittgenstein, Wagners opera *Die Meistersinger von Nürnberg* als onderlegger gebruikt. Beide pubers konden deze opera op die leeftijd uit hun hoofd fluiten, en vanuit dat gegeven volgde ik met mijn hoorspel de structuur van de opera. Het voorspel is de basis van mijn eerste scène, en zo gaat het door. Bij het hoorspel is de muziek regelmatig als achtergrond bij de tekst te horen.

De methode van schrijven als reactie op muziek is daarmee ook een duidelijke voorbereiding op schrijven vóór muziek, dus het schrijven van liedteksten of libretti.

> Jane Smiley once played her creative writing students the first movement of Mozart's C major quintet, and said when it was over: 'Now you know all there is to know about writing a story.' She wanted her students' work to reproduce the 'tension between the desire to linger over the beautiful harmonies between the instruments, the equivalent of words, and the longing for the music to go forward, the equivalent of the storyline'.[30]

29. Samuel Beckett, *Rockaby*, in *Raster*, nr. 38 (De Bezige Bij, Amsterdam 1986, vertaling Hans Tentije), p. 79. De tekst stamt uit 1980.

30. Jenny Newman, Edmund Cusick en Aileen La Tourette, *The Writer's Workbook* (Arnold Publishers, Londen 2000), p. 52.

Tot slot van dit hoofdstuk ga ik nader in op schrijven als reactie op *beweging*.

> Y.A.: Wat is de zin van schrijven?
> MARGUERITE DURAS: Schrijven is zwijgen en spreken tegelijkertijd. Schrijven. Soms betekent het ook zingen.
> Y.A.: Dansen?
> MARGUERITE DURAS: Dat is ook belangrijk. Het hoort óók bij een mens, dansen. Ik was dol op dansen.
> Y.A.: Waarom?
> MARGUERITE DURAS: Dat weet ik nog niet.[31]

Het overkomt ons allemaal weleens: we zitten achter de computer en willen schrijven. We zoeken en woelen in onze hersenen, maar hoe meer we ons inspannen, hoe minder eruit komt. En dan opeens, tijdens het fietsen, tijdens het sporten, in de disco tijdens het dansen, is het er: hét idee, hét beeld, dé metafoor waarop we al urenlang zaten te wachten.

Sybren Polet noemt dit het 'actieve niet-denken' of 'ernaast denken', oftewel: er even niet mee bezig zijn en daardoor het juiste idee krijgen.[32] Het is heel goed mogelijk dat de ideeën dan komen dóór het bewegen zelf. Zoals beeldend kunstenaar Joseph Beuss al zei: 'Ik denk met mijn knie.'

> Het belang van dit, schijnbare of reëel indifferente, ritme is door de dichters zelf wel onderkend als hulpmiddel tot primair esthetische structurering, maar ook de lichaamsconditie – de mate van vitaliteit of juist van uitputting –, (...) is van invloed, zeker bij sensitieve geesten, die scheppende kunstenaars vaak zijn.[33]

31. Marguerite Duras, *Dat is alles; het afscheid van een schrijfster* (Van Gennep, Amsterdam 1996 (1995)), p. 9.
32. Sybren Polet, *De creatieve factor; kleine kritiek der creatieve (on)rede* (Querido, Amsterdam 1996 (1993)), p. 35-42.
33. Sybren Polet, *De creatieve factor; kleine kritiek der creatieve (on)rede* (Querido, Amsterdam 1996 (1993)), p. 157.

Schrijfster Daniela Moosmann heeft voor de schrijfopleiding in Utrecht een methode ontwikkeld waarbij beweging bewust als start gebruikt wordt bij het schrijven. Deze werkwijze gaat veel verder dan de ontspannende lichaamsoefeningen vooraf aan het schrijven, die in veel schrijfboeken worden gepropageerd.[34]

De schrijfstudenten werken in paren. Een ervan beweegt enige tijd met gesloten ogen door de ruimte. Uitschakeling van het in deze tijd zo dominante kijkzintuig stimuleert de concentratie op de andere zintuigen van het lichaam. De beweger spreekt tijdens het bewegen elk beeld uit dat in hem of haar opkomt. De tweede persoon, die ook zorgt dat de beweger nergens tegenaan loopt, noteert alles wat de beweger zegt. Vaak wordt ook met klank gewerkt. De bewegers produceren dan klanken en letters zonder acht te slaan op hun betekenis. Al bewegend improviseren zij op die klanken, maken er eerst onzinwoorden van, en daarna bestaande woorden en zinnen.[35]

De methode besteedt ook aandacht aan het schrijven als reactie op het zien van mensen die bewegen. De studenten leren een voortdurend bewegend lichaam te beschrijven. Omdat het object steeds verandert, moet je snelle beslissingen nemen en zonder na te denken schakelen van momentopname naar momentopname.

> Ik vraag de getuigen meestal niet om het concrete lichaam in het hier en nu te beschrijven, maar de mens achter de beweging te zoeken, de plek achter het bewegingslokaal en de omgeving achter de school. Het gaat in feite eerder om de interpretatie van het lichaam en de beweging (...)[36]

34. In het dagblad *Trouw* van eind september 2000 werd Noor Dekker geïnterviewd, die taalles geeft aan Marokkaanse vrouwen. Zij doet dat door middel van bewegingslessen en ontspanningsoefeningen en noemt de lessen 'gespierdetaalles'.

35. Zie Daniela Moosmann, 'Ik denk sowieso met mijn knie' (interne publicatie schrijfopleiding HKU). De poging om woorden werkelijk uit het lichaam te laten komen en ze ermee samen te laten vallen doen me ook denken aan Antonin Artaud, die op zijn kamer in de psychiatrische inrichting bij elk woord dat hij uitsprak een bijl in een blok hout kliefde, om in godsnaam maar te voelen wat hij zei.

Zoals schrijven op muziek een voorbereiding kan zijn op schrijven van muziektheater, zo kan schrijven als reactie op beweging een training zijn voor schrijven voor dans en bewegingstheater. Meer en meer ontstaan er in het theater interdisciplinaire projecten, waarin niet tekst een basis is voor een personage, maar dans en tekst autonoom naast elkaar staan. Recentelijk schreef romanschrijver Arthur Japin een tekst voor een dansvoorstelling en werkte toneelschrijver Rob de Graaf nauw samen met danseres Karin Post.[37]

Na al deze methodes om de rechterhersenhelft te stimuleren en daarmee het schrijven zonder planning, is het goed nogmaals product en proces uit elkaar te halen. Schrijven zonder planning zet je vaak bewust in wanneer je vastzit in je schrijfproces, doordat dat te voorspelbaar of te logisch dreigt te worden. Op die manier kom je tot teksten, die je vervolgens bewerkt en herschrijft. Ik wil echter niet suggereren dat er op deze wijze ogenblikkelijk betere teksten uit rollen dan teksten die vanuit planning geschreven worden.

Bij veel schrijvers vindt naar eigen zeggen een groot deel van het schrijven zonder planning plaats. Pinter zegt dat hij puur 'instinctief' werkt; toneelschrijver Peer Wittenbols noemt het 'van associatie naar structuur, van taal naar personage en verhaal'.[38] Dit schrijven kenmerkt zich, zoals we ook in de eerste hoofdstukken zagen, vaak door een reactie. Daar waar de linkerher-

36. Zie Daniela Moosmann, 'Ik denk sowieso met mijn knie' (interne publicatie schrijfopleiding HKU), p. 4.
37. Kortgeleden heeft dramaschrijfster Anouk Saleming onderzoek gedaan naar hoe men specifiek teksten schrijft voor bewegingstheater. Op grond van haar bestudering van schrijvers als Arne Sierens, Jan Fabre en Peter Verhelst noemt ze stijleigenschappen die parallel lijken te lopen aan de hier beschreven werkwijze. Zie Anouk Saleming, *Op onzichtbare voeten beginnen met weggaan; een onderzoek naar het schrijven van teksten voor bewegingstheater* (afstudeerscriptie schrijfopleiding HKU, Utrecht 2003).
38. Kirsten Lyklama, *Verwoorden; een onderzoek naar het schrijfproces en de werking van theatertaal* (afstudeerscriptie DDV, Arnhem 2002), p. 42.

senhelft reflecteert, leeft de rechterhersenhelft van de reactie, de respons. Het gaat meestal om een reactie op de zintuigen: een reactie op beeld, op geluid, op muziek, op klanken, op ritme, op beweging. Die reactie is tegenwoordig ook meer en meer in de producten zelf terug te vinden. De jeugdboekschrijver reageert op de illustraties, de librettist op de muziek, de toneelschrijver op de improvisaties van de acteurs. [39]

Schrijven is als een gesprek. Het is niet alleen reagerend, maar ook lichamelijk en zintuiglijk. Je spreekt met handen en voeten. [40]

39. Peter Elbow gebruikt de metafoor 'schrijven = koken' om dit reagerende schrijven op alle niveaus (metaforen, woorden, ideeën, mensen) duidelijk te maken. Bij zijn beschrijving blijft het helaas een nogal zweverig psychologisch proces. Peter Elbow, *Writing Without Teachers* (Oxford University Press, New York 1973), hoofdstuk 4, 48-56.
Paul Castagno noemt het reagerende schrijven 'dialogistisch'. Hij toont het fenomeen met name aan in toneelteksten zelf en minder in het schrijfproces. Paul C. Castagno, *New Playwriting Strategies; a Language-Based Approach to Playwriting* (Routledge, New York 2001), p. 1-14.

40.Heeft de tekst toch zeer direct een lichaam te verbergen onder die huid van bedrukt papier? Als we die onzinnige gedachte zelfs maar een kans willen geven, moeten we ons tegelijk afvragen van wie dit lichaam is: van het personage, van wie we ons een voorstelling maken in ons hoofd? Of breekt het lichaam van de schrijver door de stijl heen, en raken we dat op een bepaalde, strelende manier voortdurend een beetje aan?
Stefan Hertmans, *Het putje van Milete; essays* (Meulenhoff, Amsterdam 2002), p. 389.

6. Veelschrijverij

Stemmen in je hoofd als basis van monologen

> Het besef dat je niets anders dan fragmenten bent, dat korte en lange en langste tijden alleen maar fragmenten zijn, dat steden en landen alleen maar fragmenten zijn... en de aarde een fragment... *dat de hele ontwikkeling een fragment is...* dat de volmaaktheid niet bestaat... dat fragmenten ontstonden en ontstaan... geen weg, alleen bestemmingen... dat het einde zonder besef is... dat dan niets zonder jou en uiteindelijk niets is...[1]

De mythen van het schrijverschap hebben alles te maken met het mensbeeld en het wereldbeeld van de groep waarbinnen die mythen kunnen ontstaan. Aan een van de belangrijkste mythen, die van wijsheid en diepzinnigheid, ligt een westerse opvatting over mensen ten grondslag. Dat mensbeeld heeft niet alleen een grote invloed op hoe we vinden dat een schrijver zou moeten zijn, maar ook op hoe we personages in verhalen en drama neerzetten.

In de afgelopen drieduizend jaar is het mensbeeld steeds minder gedifferentieerd geworden. Van het veelvoudige mensbeeld in het oude India is een ontwikkeling zichtbaar via de drie- of vierledige mens in de klassieke Griekse oudheid en de tweedeling van lichaam en ziel in het christendom, naar een beeld van de laatste tweehonderd jaar dat de mens beschouwt als een psychofysische eenheid.[2]

We kijken naar mensen, en dus ook naar personages, alsof ze

1. Thomas Bernhard, 'Amras', uit: *Die Erzählungen* (Suhrkamp Verlag, Frankfurt am Main 1971), p. 63.

2. Schrijfster Andreas Burnier, aan wie ik dit historisch overzicht ontleen, noemt deze laatste visie een 'materialistische monistische'. C.I. Dessaur, *De droom der rede; het mensbeeld in de sociale wetenschappen* (Den Haag 1982), p. 9.

eigenlijk maar uit twee kanten bestaan: binnen en buiten. Vaak is de buitenkant dan het bewuste (de geest) en de binnenkant (het lichaam) het onbewuste, het driftmatige. Mede onder invloed van de psychoanalyse is daaruit een zoektocht naar echtheid ontstaan: de buitenkant is oppervlakkig en ergens binnenin zit de nog onbewuste werkelijke persoon. We komen die tweedeling voortdurend tegen in de taal: stille waters, diepe gronden; ruwe bolster, blanke pit; grote mond, klein hartje, Dr. Jekyll and Mr. Hyde. Of, zoals toneelschrijver Ödön von Horváth eens zei: 'Ik ben eigenlijk heel anders, maar ik kom er zo zelden aan toe.'

In talloze romans, toneelstukken en films vertaalt dat mensbeeld zich in een groot geloof in ontwikkeling, een zoeken en vinden van de kern, weg van de oppervlakte naar de eigenheid en de diepte. Een personage wil iets, ondervindt weerstanden en merkt dat wat hij wilde redelijk oppervlakkig was. Hij leert met veel vallen en enig opstaan wat werkelijk belangrijk is, ontdekt dat hij dáármee de weerstand kan overwinnen – en ja hoor: hij verslaat de vijand en krijgt het meisje op de koop toe. Deze elementen lijken praktisch onafhankelijk te zijn van het genre. Ze gelden evengoed voor een doorsneethriller als voor een komedie of een opera.

We zien dit dualistische mensbeeld van schijnoppervlakte en ware diepte weerspiegeld in een gangbare verhaalstructuur van onthulling en ontwikkeling en een kunstopvatting die diepte en meerlagigheid predikt. Binnen het theater is de structuur van het 'exploderend verleden' een mooi voorbeeld. Dit principe, dat vooral is ontwikkeld door de toneelschrijver Ibsen, toont hoe in het verhaal het onbewuste, verdrongen verleden van een personage zich meer en meer door het leven van alledag naar de oppervlakte wroet en onontkoombaar uitbarst. In veel Hollywoodfilms is die structuur te herkennen.[3]

Voor het schrijven heeft dit mensbeeld geleid tot een sterk psychologiserende benadering van personages. Een personage wordt dan snel een rekensom, waarbij de oppervlaktelaag verklaarbaar is uit de diepte. Hoe vaak eindigt een verhaal over een moorde-

3. Denk bijvoorbeeld aan *Ordinary People* in de regie van Robert Redford.

naar niet met een verklaring van zijn gedrag uit zijn jeugd? Als we vernemen dat hij in zijn vroege jaren misbruikt, vernederd en geslagen is, dan denken we zijn diepte te begrijpen, en daarmee zijn we gerustgesteld. De Engelse schrijver E.M. Forster noemde zo'n diep personage een *round character* en zette het tegenover een *flat character*.[4]

In het schrijfproces leidt deze opvatting over het personage tot strakke planning, waar elk onderdeel van het personage vooraf vanuit oorzaak en gevolg verklaard dient te kunnen worden. De schrijver stelt zichzelf loodzware macro-opdrachten en is dan vaak niet meer in staat dit 'bouwwerk' koffie te laten bestellen of een deur door te laten gaan. Zie tot welk een gesel dat bij beginnersoefeningen leidt:

OEFENING

1. Schrijf een kort verhaal.
2. Bedenk wat voor figuur je hoofdpersonage wordt.
3. Schrijf zijn/haar biografie, *dus vanaf de geboorte tot nu* (welk moment dit 'nu' dan ook is).
4. Schrijf nu het verhaal waarin dat personage zich voor de omstanders anders ontpopt dan het er aanvankelijk uitzag.[5]

In de laatste vijfentwintig jaar lijkt het hierboven beschreven mensbeeld langzaam te veranderen. Er komt een besef dat het dualistische mensbeeld niet de enige waarheid is, maar ook slechts een aanname. Het zóú een misvatting kunnen zijn dat elke handeling en gedachte van de mens een diepere oorzaak heeft, dat hij een kern bezit en dat die kern zich kan ontwikkelen. Ook in de kunst, die zo vaak op de zaken vooruitloopt, is die verandering duidelijk waar te nemen. Dat heeft zich in fases voltrokken.

4. Zie onder andere Bert Jansen & Pim Wiersinga, *Het prozaboek* (Meulenhoff/Stichting Schrijven, Amsterdam 2000), p. 182; en Will van Sebille, *De muze zit aan; werkboek voor schrijfgroepen* (Stichting Schrijven, Amsterdam 1997), p. 45. Forster zelf heeft de begrippen geïntroduceerd in zijn boek *Aspects of the Novel* (Londen 1927).

5. Will van Sebille, *De muze zit aan; werkboek voor schrijfgroepen* (Stichting Schrijven, Amsterdam 1997), p. 46.

Eerst zagen we in klassiek, traditioneel vertelde verhalen thema's opkomen die het logische, samenhangende van personages aan de orde stellen. In Hollywoodfilms zag je dan personages waarbij delen van de persoonlijkheid verdwenen of verminkt zijn, zoals *Awakenings* of *Rain Man.* Talloze boeken en toneelstukken handelden plotseling over personages met alzheimer of MPS. Daarna veranderde ook het soort teksten, de structuur van de personages en de opbouw van het verhaal. Literaire stromingen, zoals Generation X, gaven personages te zien die zich niet ontwikkelen of wier gedrag nauwelijks gemotiveerd wordt. In het postmodernisme werden de eenheid en de samenhang van het personage definitief afgebroken, niet omdat dat zo'n leuk spel is, maar omdat de kunstenaars zichzelf in het oude mensbeeld niet meer herkenden. Nu, in de derde fase wordt ook het schrijfproces zelf beïnvloed door het veranderende mensbeeld. In dit hoofdstuk wil ik onderzoeken hoe dat nieuwe mensbeeld eruitziet en wat voor gevolgen dat voor het schrijven van teksten en personages heeft. Ik geef daar concrete aanwijzingen voor, om op die manier de mythe van diepzinnigheid en wijsheid te ontkrachten.

> Wanneer je bij voorbaat te veel vasthoudt aan de klassieke opbouw ga je voorbij aan de grilligheid van het schrijfproces. Wonderlijke, fascinerende scripts kennen een veel minder logische ontstaansgeschiedenis.[6]

Het belangrijkste kenmerk in de veranderde vorm zowel van het verhaal als van het personage is een minder lineaire ontwikkeling. Dat uit zich in een meer fragmentarische, bijna 'zappende' opbouw. In de verhalen zie je niet alleen een meer verbrokkelde structuur, maar ook steeds meer stijlen en genres door elkaar heen. Recente voorbeelden zijn de prachtige film *Lola rennt*, die driemaal achter elkaar dezelfde twintig minuten uit het leven van Lola beschrijft, waarin steeds kleine veranderingen grote gevolgen hebben. In *The Blair Witch Project* lopen de fictie en documentaire door elkaar heen.

6. Mieke Bouma, *Dramaschrijven* (Losbladig handboek Amateurtheater, augustus 1996), C5000 1-35, p. 3.

In het theater is de dynamiek van de verschillende perspectieven nog verder doorgevoerd. Bij *Count your Blessings* van Gerardjan Rijnders zag het publiek negen hotelkamers. In alle kamers gebeurde van alles en het publiek zapte zich zelf door de avond heen. In veel voorstellingen worden losse tekstfragmenten afgewisseld door projecties en muziek, en is van zich ontwikkelende personages geen sprake meer. Zowel de tekst als het personage wordt, om met schrijver Paul Castagno te spreken, 'meerstemmig'.[7]

Met dit veranderde mensbeeld lijkt het personage én het schrijven steeds meer monologisch van karakter te worden. Het hedendaagse schrijven betreedt mijns inziens het tijdperk van de monoloog. Dat komt niet doordat er in proza en drama veel meer monologen worden geschreven, opgevoerd en uitgegeven – hoewel dat wel opvallend is. Ook theatermonologen worden plotseling weer als literatuur beschouwd. De vijf monologen in het goedverkopende *De sprong* van Anna Enquist en het succesvolle *Jasser* van Abdelkader Benali zijn daar het beste voorbeeld van.

De opkomst van het monologisch schrijven heeft volgens mij ook te maken met veranderende ideeën over het personage:

> 'Alle führten nur noch Selbstgespräche,' sagte der Fürst, 'wir sind in einem Zeitalter der Selbstgespräche. Die Kunst der Selbstgespräche ist auch eine viel höhere Kunst als die Kunst des Gesprächs,' sagte er. 'Aber Selbstgespräche sind genauso sinnlos wie Gespräche,' sagte der Fürst, 'wenn auch viel weniger sinnlos.'[8]

Vroeger was het duidelijk: het ging om een conflict tussen een mens en zijn omgeving, een conflict tussen de mens en zijn noodlot. De dramatiek zat 'm voornamelijk in de dialoog. We zagen in de twintigste eeuw een geleidelijke verschuiving naar drama

7. Castagno spreekt van een *multivocal* personage en een *polyvocal* tekst in Paul C. Castagno, *New Playwriting Strategies; a Language-Based Approach to Playwriting* (Routledge, New York 2001), p. 17.
8. Thomas Bernhard, *Verstörung* (Suhrkamp Verlag, Frankfurt am Main 1974 (1967)), p. 38.

waarbij het gaat om conflicten ín de mens. Tussenmenselijkheid verschuift naar intermenselijkheid, waarbij de klassieke dialoog dan ook steeds minder geschikt werd. De mensen praten wel met elkaar en maken van alles mee, maar zijn toch vooral bezig met hun innerlijke problemen en conflicten. In het hedendaagse theater zet deze ontwikkeling zich nog verder voort: we zien personages verschijnen die monologiseren, langs elkaar heen praten, met zichzelf praten of zichzelf kwijt zijn. En wat nog belangrijker is: wij herkennen ons daarin.

Proza is in de vorm van een verteller al vaak in feite een monoloog. We zien de levendigheid van de directe rede van de verteller vaak in het springen van de ene verhaallijn of anekdote naar de andere. Zie hoe Dave Eggers ons als verteller in zijn krankzinnige boek *Een hartverscheurend verhaal van duizelingwekkende genialiteit* meesleept van vertelling naar parodie, van ironie naar kitsch. Eggers spreekt ons in het colofon al aan, waar hij uitgebreid vertelt wie hij is. Daarna schrijft hij 'richtlijnen en suggesties' om van zijn boek te genieten, om vervolgens pagina's lang passages te noteren die uiteindelijk niét in het boek zijn terechtgekomen.[9]

De monoloog is binnen proza al langer een gewild voorbeeld van levende, directe taal, met als hoogtepunt misschien wel de monoloog van Molly Bloom in James Joyce' *Ulysses*, een monologue intérieur die met zijn associaties en gedachtesprongen *stream of consciousness* wordt genoemd. Ook in proza wordt de monoloog steeds meer gebruikt om een versnipperd en verknipt personage te bouwen, dat niet langer een mooie eenheid van oorzaak en gevolg is, zoals in het recente *Een soort Engeland* van Robert Anker.

De hedendaagse mens voert nauwelijks nog dialogen. Wij praten in onszelf, ook als we een gesprek met een ander hebben. Ik vraag mijn leerlingen al jaren een dialoog te schrijven van mensen die langs elkaar heen praten. Iedereen kent de uitdrukking én de ervaring. De scène van Koot en Bie waarin ieder na de zomer

9. Dave Eggers, *Een hartverscheurend verhaal van duizelingwekkende genialiteit* (Vassallucci, Amsterdam 2000).

zijn eigen vakantieverhaal afdraait terwijl de schijn van een gesprek wordt opgehouden, is zeer herkenbaar.

Langs elkaar heen praten veroorzaakt een dramatische spanning. Doordat de een niet reageert op wat de ander zegt, suggereert het uitstel van de reactie subtekst en daarmee dubbelheid, en dus dramatische spanning. In de hedendaagse monoloog wordt die dubbelheid nog aan alle kanten uitgebreid. Voor we overgaan tot een beschrijving van schrijftechnieken, is het van belang te herhalen dat je bij het creëren van hedendaagse personages werkt van taal naar personages en van klein naar groot. Zolang je, zoals Ger Beukenkamp,[10] blijft volhouden dat een dialoog altijd het resultaat van situatie en personage moet zijn, zul je snel geneigd zijn éérst een personage te creëren en zal dat door zijn constructie beantwoorden aan het traditionele mensbeeld van een round character.

Veel boeken over het schrijven van proza en drama noemen de 'associatiemonoloog' als een belangrijke schrijftechniek bij monologen. De manier waarop de flarden van gedachten en gevoelens zich daarbij afwisselen wordt mij echter veel te willekeurig gepresenteerd.[11] Je krijgt geen idee hoe je zoiets moet schrijven, want alles is goed – het zijn toch losse associaties? Monologen zitten mijns inziens veel strakker en preciezer in elkaar en hebben een duidelijk aan te wijzen spanning en dramatiek.

In hoofdstuk 4 kwam al kort de monoloog aan de orde waarin Hamlet tijdens het praten opeens een andere gedachte kreeg: 'Ay, there's rub.' Ik schreef dat het leek alsof er een andere persoon in Hamlet naar zijn woorden luistert en plotseling een reactie geeft. Dat is in feite de belangrijkste techniek die in de hedendaagse monoloog gehanteerd wordt: het personage schakelt in zichzelf tussen verschillende stemmen. Door die schakeling kan de tekst als een associatiestroom werken, zonder dat hij willekeurig overkomt.

10. Ger Beukenkamp, *De verborgen schrijver; Schrijven voor toneel, film en televisie* (IT&FB, Amsterdam 2003), p. 126-127.

11. Zie bijvoorbeeld Inez van Eijk en Egbert Warries, *Eekhoorntje op lange weg; over het schrijven van verhalen en ander proza* (Contact, Amsterdam/Antwerpen 1999), p. 191.

Ik noem dit het schakelen tussen bewustzijnsniveaus.

Er bestaan talloze niveaus, maar stel dat je drie voor de hand liggende neemt: je verhaal, je reflectie op jezelf en je directe zintuiglijke ervaringen hier en nu. Je herkent het misschien wel dat je een verhaal aan het vertellen bent en opeens om koffie vraagt of hardop twijfelt of het wel zo'n interessant verhaal is. Schakelen tussen die niveaus is de basisstructuur van de monoloog. Een voorbeeld uit de film *Shine*:

> Sorry, sorry, sorry, mate, I'm the problem. And wet! But it's not an ideal world. Is it an ideal world? We just have to make the most of it, I mean, this is the way we find it isn't it, yeah-yeah-yeah! But it's more ideal than it was, I mean, you know, we're privileged, we're privileged, we're privileged, aren't we, because not long ago, people would be burned to a steak wouldn't they...[12]

David, de hoofdpersoon, vertelt in de regen dat hij het probleem is, en... nat. Hij schakelt binnen één zin over van zijn verhaal naar zijn zintuiglijke ervaring op dat moment.

Een ander voorbeeld. Valt je iets op wanneer je het volgende verhaal hoort?

> Gisteravond – ik was alleen thuis, ik lag al in bed – hoorde ik plotseling beneden de deur opengaan. Zware stappen klonken op de trap. Ik zag onder mijn slaapkamerdeur het licht van de gang en de schaduw van twee voeten. En dan gaat de deur open, een man komt binnen, hij pakt me vast en gooit me op het bed.

Op het moment dat de deur opengaat, verandert de verteller/spreker van verleden tijd naar tegenwoordige tijd. Hij schakelt daarmee van bewustzijnsniveau. In de verleden tijd had hij nog afstand genoeg om over zijn ervaring te vertellen. In de tegenwoordige tijd zit hij weer midden in de ervaring.

Schakelen tussen bewustzijnsniveaus gaat als je de tekst hard-

12. *Shine*, een screenplay van Jan Sardi (Grove Press, New York 1997), p. 4.

op leest vaak gepaard met een verandering van kijkrichting. De docent die zijn verhaal tot zijn leerlingen richt, kijkt even weg wanneer hij reflecteert: 'Ik weet niet of jullie dit wel interessant vinden.'

In het theater is dat moment van verandering van kijkrichting een spelmoment, aangezien daar voor de acteur een dramatische spanning ontstaat. Grofweg zijn er vier kijkrichtingen: kijken naar het publiek, in jezelf kijken, naar de ander kijken, en zonder richting de ruimte in kijken.

De momenten van schakeling in een monoloog zijn de momenten waarop de spanning gecreëerd wordt. Stel, een personage doet aangifte op het politiebureau:

> Nou, toen lag ik dus in bed en ik hoorde die man de trap op komen. Hij komt de trap op, dat hoor ik en... hebt u misschien een glaasje water?

Het personage verandert van kijkrichting als ze opeens om water vraagt. Kijkt ze ineens op en spreekt ze de agent direct aan? De schakeling van de bekentenis naar het glaasje water roept spanning op. Waarom heeft ze ineens dorst? Waarom gaat ze niet door? Is het verhaal te pijnlijk?

Een schitterend voorbeeld van een schakelmonoloog komt uit *Een soort Engeland* van Robert Anker. Een Nederlandse acteur probeert in een artiestencafé indruk te maken op een veel jongere Belgische collega.

> Heer ober, doe mij een bier, en ook nog een Spa rood. Zo Lena, wanneer gaan we trouwen? Op wanneer de trouwdag? Giechel maar, ik méén het. *(gebaart naar de Pakistaanse rozenverkoper)* Ja, hier beste man. Hoeveel? Vijf gulden. Voilà. Brian betaalt. *(brengt roos met twee handen in de richting van Lena)* Al de eerste seconde zag ik de bloesem van je ziel, je roos geurde in zijn hof. *(ineens mompelend)* Ik heb nog nooit zulke ogen gezien, ik kan het toch niet helpen dat ik hopeloos verliefd op je ben? *(weer gewoon)* Nee, jij niet op mij, maar dat kómt nog wel, geduld. How poor are they that have no patience. Ik was nog bij mijn dochter. Ze is vanochtend, of wanneer was het, in

> elkaar getimmerd door ene Tarik. Wilde haar vermoorden, de politie heeft haar net op tijd ontzet. Het is af-schúwe-lijk allemaal, af-schúwe-lijk. Ja, dat zeg ik: af-schúwe-lijk. Ik moet haar redden, maar hoe? Morgen breng ik haar naar de Jellinek. En weet je wat ik ook nog dacht? Die arme moeder van haar, die móét natuurlijk gebukt gaan onder een schúldgevoel... *(geheven handen)* wat heb ik verkéérd gedaan... voel je wel? Enfin. Verder ben ik met Brian op stap geweest. Erg leerzaam, moet ik zeggen. Brian ken je niet. Brian werkt bij de gemeente, of zo, en wil mijn boot weg laten slepen. Ik ben illegaal, de spijker op zijn kop. Ja schat, ik woon op een boot, in de Prinsengracht. Wist je dat niet? Niemand weet het. Ik woon al mijn hele leven nergens, weet je dát wel? Maar dan móét je mijn boot zien. *(staat op, neemt haar bij de hand.)* Kom, we gaan. Op naar de Aak Zonder Naam – ja, hoe vínd je 'm, géés-tig, niet? – en misschien kunnen we daarna een kleinigheidje eten. Nee, niet?[13]

Wanneer we het schakelen van meerdere stemmen als uitgangspunt nemen van een hedendaagse monoloog, kunnen we manieren bekijken hoe je die schakeling tot stand brengt. Merk daarbij op dat elke bewustzijnslaag even 'waar' is. Er is niet een tegenstelling van oppervlakte en diepte, maar van meerdere stemmen naast elkaar.

Je kunt bij het schrijven van een schakelmonoloog van de taal uitgaan en niet van het personage. Taal maakt een personage uniek. Nooit denken: hoe praten politieagenten?, maar altijd: hoe praat deze mens in deze situatie, hier en nu? Je balanceert daarbij altijd op de scheidslijn tussen voorspelbaarheid en onvoorspelbare eigenheid. Dat is de paradox: je wilt herkennen en tegelijkertijd niet herkennen. Het personage moet geloofwaardig zijn, en toch uniek. In deze paradox helpt het wanneer je niet denkt dat een personage geloofwaardig moet zijn ten opzichte van iets of iemand in de werkelijkheid (praat deze mens wel als een politieagent?), maar geloofwaardig in zichzelf (geloof ik dat de mens die net deze zin zei nu dat zegt en straks weer dat?). Externe ge-

13. Robert Anker, *Een soort Engeland* (Querido, Amsterdam 2002), p. 158.

loofwaardigheid is onzin. Interne geloofwaardigheid niet.

In *A Hard Day's Night*, een theatermonoloog van Rob de Graaf, wordt de homofobe ideeënwereld van een skinhead als volgt onder woorden gebracht:

Wat ben jij nou voor jongen?
een jongen met een te mooi gezicht
te mooi
je bent geen jongen
een vrouw ben je ook niet
je bent een soort afwijking
iets dat er niet zou moeten zijn
vooral dat gezicht is verkeerd
dat zachte, met die ogen en die mond
te lange wimpers
te welgevormde lippen
dat hoort niet zo te zijn
daar moet iets aan worden toegevoegd
zwart moet het worden
jouw vlees wordt zwart vlees
verkoold vlees
zie je het voor je?
het vuur dat alles opslokt
het vuur dat alles schoonmaakt
het vuur strijkt met warme liefde langs dat gezicht van jou
het raakt aan je haren
het verschroeit ze
en dan je huid
die barst en wordt zwart
in het vuur
eindelijk
eindelijk ben je zoals ik je hebben wil[14]

Zulke woorden zal een skinhead niet snel kiezen, maar het ritme

14. Rob de Graaf, *A Hard Day's Night*, geciteerd in Robert Steijn, 'Het vermogen van de taal; de kunst van het toneelschrijven', in *De Gids*, theaternummer, jrg. 155, nr. 10/11, oktober-november 1992, p. 799.

en de beelden van de zinnen horen bij elkaar, waardoor het personage toch volledig geloofwaardig wordt. Een skinhead praat zo niet, maar déze skinhead wel, en ik geloof hem.

Voor een schakelmonoloog is het raadzaam te starten met enkele basisteksten. Je kunt bijvoorbeeld muziek beluisteren met één intrument en dan proberen terwijl je luistert elke toon te vervangen door een woord. Vervolgens lees je de tekst over en vraag je je af hoe de persoon die dit allemaal zegt eruitziet. Is het een man, een vrouw? Van welke leeftijd? Je stelt jezelf dan een vraag die kenmerkend is voor deze manier van werken van taal naar personage: 'Wie spreekt er hier?'

> Het belangrijkste is dat ik op basis van de eerste ideeën begin te associëren. Zoveel mogelijk schrijven. Structureren en kijken; wie zegt dit? Wat hebben de personages met elkaar?[15]

Wanneer je op die manier een grof idee hebt gekregen van een mogelijk personage (enkele teksten en een uiterlijk), schrijf je voor die persoon drie aparte monologen. In een ervan doet hij gedetailleerd een bekentenis, in de tweede reflecteert hij op zijn eigen gedrag en in de derde reageert hij zintuiglijk op het moment zelf. De drie monologen hebben niets met elkaar te maken.

Vervolgens werk je die monologen door elkaar: een paar zinnen van de ene, een paar zinnen van de andere. Daarna kijk je vervolgens wat elke schakeling aan dubbelheid oproept. Vanuit de confrontatie en de montage van die drie monologen ontstaat het drama, en daarmee een mogelijke situatie waarin het personage zich bevindt. Je kunt schakelen om de paar zinnen en soms zelfs per zin. Hoe sneller de schakeling, hoe neurotischer het personage overkomt.

> TANCHELIJN *(plotseling rad pratend):*
> Geloof je aan God? Zo zit hij in de hemel.
> *(als een rillend kind)*

15. Peer Wittenbols, geciteerd in: Kirsten Lyklama, *Verwoorden; een onderzoek naar het schrijfproces en de werking van theatertaal* (afstudeerscriptie DDV, Arnhem 2002), p. 25.

'Ik heb het zo koud. Ik ben zo alleen. Waarom komt er niemand? Ik wil snoepjes.'
(plotseling van toon veranderend)
Wat heb je daar?[16]

De verschillende stemmen kunnen ook liedjes, gedichten of citaten zijn die in iemands hoofd rondzingen. Het kunnen ook stemmen zijn van andere mensen, die als oordelende superego's steeds weer de kop opsteken.

In de weergaloze tv-serie *The Singing Detective* van Dennis Potter doorspekt de zieke, hallucinerende hoofdpersoon in het ziekenhuis zijn gedachten met oude Engelse liedjes én met uitspraken uit de detectiveverhaaltjes die hij in het dagelijkse leven schrijft.[17]

Vanwege de mythen die om de opbouw van personages heen hangen, is het maar de vraag of we toegang hebben tot de mogelijke stemmen en associaties, en ze dus vrij kunnen gebruiken en inzetten. Een mogelijkheid om dat te testen is een schrijfoefening die ik ontwikkeld heb voor twee schrijvers, waarbij de een een monoloog schrijft met gegevens van de ander. De een neemt een aan hem bekende persoon in zijn gedachten. De ander, die deze persoon niet kent, krijgt de opdracht voor deze persoon een monoloog te schrijven. Hij stelt precies die vragen die hij nodig heeft om voldoende informatie te krijgen, en gaat vervolgens schrijven. De ander noteert alle vragen die aan hem gesteld zijn.[18] Dit is niet

16. Harry Mulisch, *Tanchelijn* (De Bezige Bij, Amsterdam 1967 (1959)), p. 96.
17. Dit concept van een monoloog als schakeling van verschillende stemmen is gedegen uitgewerkt in Paul Castagno, *New Playwriting Strategies; a Language-Based Approach to Playwriting* (Routledge, New York 2001). Hij noemt het, zoals gezegd, een *multivocal character*.
18. Mijn oefening is uitgebreid beschreven bij Cocky van Bokhoven, *Je weet niet wat je schrijft* (Stichting Schrijven, Amsterdam 1999), p. 49-54, en in 'Het geheugen als speeltuin; een verslag van de werkgroep van Nirav Christophe', in: Ardi Roelofs (samenstelling) e.a., *Schrijven leren: ambacht, vorming of kunst* (Katern Kunsteducatie, LOKV, Utrecht 1994).

zozeer een oefening om een goede monoloog te kunnen schrijven, maar om te kijken welke vragen je eigenlijk aan jezelf stelt wanneer je een tekst voor een personage gaat schrijven. De oefening plaatst als het ware je langetermijngeheugen buiten jezelf. Terwijl je normaal in je eigen herinneringen zou graven naar ideeën, woorden of associaties, moet je ze nu uit een ander halen.

Het blijkt dat iedereen zeer verschillende vragen stelt. Sommigen zijn direct benieuwd naar de psychologie (Wat is het voor persoon? Is hij/zij gelukkig? Is hij/zij gestresst?) of het drama (Heeft hij/zij een slecht huwelijk? Vindt hij/zij zijn werk wel leuk? Is hij/zij eenzaam?). Anderen vragen daar in het geheel niet naar, maar willen weten wat voor kleren de persoon draagt en hoe zijn of haar kamer eruitziet. Weer anderen zijn vooral geïnteresseerd in de sociale situatie (Heeft hij/zij kinderen? Heeft hij/zij een relatie?). Tot slot is er een kleine groep die in taal geïnteresseerd is (Hoe praat hij/zij, gebruikt hij/zij stopwoorden of specifieke uitdrukkingen?). Veelal zie je dat bij beginnende schrijvers maar één categorie van de bovengenoemde vijf toegankelijk is, terwijl voor een snelle schakeling, de stemmen en de associaties alle categorieën van belang zijn.

Buiten de interne geloofwaardigheid en schakelen tussen bewustzijnsniveaus is voor een monoloog met een hedendaags mensbeeld de *centrale gedachte* van belang. Thomas Bernhard heeft erop gewezen dat zijn monologistisch proza en drama eigenlijk variaties en improvisaties zijn rond één gedachte ('Der einzige Gedanke').

Het kan bij het schrijven van een monoloog helpen die ene basisgedachte (bijvoorbeeld 'Ik wil dood' of 'Ik weet niet hoe je ook al weer denkt') om de paar zinnen ertussen te typen en erbij te lezen als je de tekst doorneemt. Daarna haal je die letterlijke grondgedachte overal weer weg. Het geeft je als het ware een centrale basis binnen alle associaties en schakelingen.

Wanneer de centrale gedachte helder is, kan vrijelijk gevarieerd worden op de wijze zoals we dat in het hoofdstuk over spreektaal gedaan hebben.

Waar de tekst van een personage niet meer een eenheid van oorzaak en gevolg is, maar een serie fragmenten van verschillende stemmen is de vraag 'Waarom nu?' veel essentiëler dan de vraag 'Waarom?'. Je kunt de vraag waarom het personage tussen zijn teksten af en toe regels uit een lied zingt nauwelijks beantwoorden, maar je kunt wel bekijken waarom hij precies op dit moment in het verhaal het lied inzet. Een acteur moet die directe motivatie – die vaak, zoals we in hoofdstuk 2 zagen, een reactie is op iets anders – precies kennen. Dus niet de prachtige inhoud van de tekst of de psychologische lading van de woorden bepalen de spanning en het emotionele effect, maar de directe motivatie om een tekst op dat moment uit te spreken.

In deze werkwijze, gebaseerd op een veranderd mensbeeld, komen we opnieuw een nadruk op microniveau tegen:

> Good monologue requires a reason why this character chooses this moment to link thoughts together into a long speech.[19]

Vaak wordt vergeten dat deze vraag ook geldt voor een vertellersrol, zowel in proza als in drama. Schrijvers neigen te vergeten dat de verteller ook een personage is, waaraan je direct in het begin al moet vragen: waarom vertel je dit verhaal nú? Heb je het vaker verteld dan nu? Waarom heb je het niet eerder verteld dan nú? Waarom heb je mij uitgekozen om het nu aan te vertellen?

De overkoepelende spanning in een hedendaagse monoloog ontstaat zelden meer door de psychologische ontwikkeling en een veranderend inzicht van het personage, maar veeleer door een *muzikale structuur*. De associaties en schakelingen worden bijvoorbeeld steeds sneller, of vertragen juist. Vaak ook wordt die muzikale structuur gecreëerd door de verhouding van de tekst met andere disciplines. In de voorstelling *Licht* van Gerardjan Rijnders kwam er na een halfuur zwijgende beweging van zeer

19. Downs & Wright, *Playwriting from Formula to Form; a Guide to Writing a Play* (Harcourt Brace College Publishers, Orlando 1998), p. 88.

veel mensen plotseling als een mitrailleur van één persoon een associatiemonoloog.

kosmische vuurtorens in het lichtrijk de rimpelingen in de ruimte-tijd...
en daarachter de witte dwergen...
of hoe de zoon zijn polsen alleen maar groter worden zag...
hoeveel blikken afgewend omdat die ene leugen...
welke angst een vergissing misschien door anderen niet eens opgemerkt...
te opdringerige bescheidenheid van hun zweet...
daar wil ik zijn want het is het enige en zonder...[20]

Ook al ontwikkelt het personage zich niet en is er van verdieping geen sprake, toch kan de muzikale spanningsstructuur van de tekst uiteindelijk het effect sorteren dat ik iets als waar ervaar.

De Oostenrijkse schrijver Rainald Goetz schrijft in zijn monoloog *Koliek* zijn tekst als een partituur:

MAN:
Hersens
Drek
Man
Raas
Vooruit
Snel
Snel
Weg daar
Mens
Man
Vooruit vooruit
Stil daar
Zooi schijt
Hersens hond drek
Drek

20. Gerardjan Rijnders, *Wit*, monoloog bij de voorstelling *Licht* (2000)van Toneelgroep Amsterdam (onuitgegeven).

Drek
Drek verdomde hond verdomde
Stil daar
Hersens schijt
God verdomde drek verdomde
Uit daar
Schijt hond
Zwijn hersens mens
Man daar weg daar
Weg[21]

Deze woordenstroom gaat een uur door in verschillende snelheden en beeldontwikkelingen. Na afloop had ik de verbijsterende ervaring mijzelf erin te herkennen, terwijl noch de situatie noch de beelden mij vertrouwd waren.

Je kunt niet alles overbrengen door middel van dialoog of conflict. Je kunt niet alles kwijt door mensen alleen maar in een situatie te plaatsen en een tegenstelling te bedenken. Een personage is lang niet altijd toereikend, tijd- en ruimteaanduidingen zijn wellicht helemaal niet te geven.

Teksten zoals Goetz die schrijft ontstijgen de dramatische werkelijkheid en gaan een leven op zich leiden. Ze overstijgen de noodzakelijkheid binnen één karakter, maar gaan op voor een groter, een abstracter geheel. Wie of wat spreekt daar? Is het een groep mensen? Is het een sfeer? Een commentaar uit het heelal?

Het moge duidelijk zijn dat we voor de opbouw van personages helemaal geen ronde, affe constructies nodig hebben. Niet omdat we die niet kunnen maken, maar omdat we ons er niet in herkennen. Toneelschrijver Paul Pourveur zegt dat personages niet bestaan, dat iedere persoon een aantal 'grove parameters' bezit, terwijl theaterregisseur Peter Book spreekt van 'voorlopige constructies'.

21. Rainald Goetz, *Koliek* in: Rainald Goetz, *Heilige Oorlog, Veldslagen en Koliek* (Trust/IT&FB, Amsterdam 2000), p. 207.

> Bij het opbouwen van een personage zou je moeten werken met een groot aantal voorlopige constructies. Het personage is een vrouw maar kan nog jong of oud worden. Ze kan moeder zijn of juist niet. Ieder personage is tijdelijk, voorlopig. Niet te veel invullen. Een schetsmatige weergave is een hulpmiddel om diepere lagen aan te boren. De buitenkant als stimulans voor de innerlijke gewaarwording.[22]

Het is tot besluit wellicht aardig het schakelen van stemmen in het hoofd van een personage te vergelijken met het reagerende, sprekende schrijfproces, dat ik in dit boek vorm probeer te geven. Wanneer het mensbeeld verandert, en daarmee ons concept van het personage, verandert daarmee ook het schrijfproces.

> Rijnders, Strijards en De Graaf stichten met hun pen zoveel verwarring, omdat ze niet alleen het taalgebruik van de personages ter discussie stellen, maar het hele proces van toneelschrijven injecteren met ambivalenties en twijfels.[23]

Wanneer we reagerend, sprekend schrijven schakelen we voortdurend tussen de verschillende onderdelen binnen het schrijfprocesmodel (zie hoofdstuk 2). We schieten van zintuigen naar reflectie, van opdracht naar herinnering, van herschrijven naar planning. De mythen van het schrijverschap houden ons vaak op één onderdeel vast. Onderzoek naar het schrijfproces heeft aangetoond dat ervaren schrijvers niet zozeer mooiere ideeën hebben, maar soepeler en sneller kunnen schakelen binnen alle onderdelen van het schrijfproces dan niet-ervaren schrijvers. Schrijven is als spreken. Met meerdere stemmen in je hoofd.[24]

22. Robert Steijn, 'Het vermogen van de taal; de kunst van het toneelschrijven', in *De Gids*, jrg. 155, nr. 10/11, oktober-november 1992, p. 800.
23. Geciteerd in: Mieke Bouma, *Dramaschrijven* (Losbladig handboek Amateurtheater, augustus 1996), C5000 1-35, p. 12.
24. Ter inspiratie wil ik graag de mijns inziens beste theatermonologen noe-

men van de laatste vijfentwintig jaar: Eriek Verpale, *Olivetti 82*; Hans Aarsman, *De wijze van zaal zeven*; Thomas Bernhard, *Minetti*; Ramsey Nasr, *Geen lied*; Samuel Beckett, *Verroeren*. Het stuk van Bernhard is strikt genomen geen monoloog. De monoloog van Nasr is als gedicht uitgegeven, en de tekst van Beckett is oorspronkelijk als prozatekst geschreven en ook uitgegeven.

7. Van je af schrijven

Kunstmatigheid als basis van schrijven

> Wanneer we ons doel willen bereiken
> moeten we altijd in de tegenovergestelde richting
> *(tegen de dame)*
> in de tegenovergestelde richting mevrouw[1]

Een aantal jaren geleden werden de eindexamenproducten proza, poëzie en drama van Schrijversvakschool 't Colofon[2] door schrijvers, uitgevers, regisseurs en dramaturgen beoordeeld. Een aantal van de studenten slaagde niet en bij hen werd steeds weer een gebrek aan afstand geconstateerd – afstand tot hun eigen werk, tot hun thema en tot hun vorm. De schoolleiding suggereerde dat de studenten misschien nog wat langer op school hadden moeten blijven om die afstand te vergroten.

Om emotioneel, zoals Renate Dorrestein het noemt, 'kopje-onder' te gaan, heeft de lezer of kijker de afstand van een boek, een toneel of een filmdoek nodig.

De schrijver, op zijn beurt heeft afstand nodig, juist om de lezer of kijker emotioneel te kunnen raken.

> In fictie gaat het niet om wat de auteur voelt, het gaat om wat hij bij de lezer teweegbrengt. Het zijn de personages, hun dilemma's en hun wederwaardigheden die de lezer moeten emotioneren, het is hun werkelijkheid waarin hij met hart en ziel

1. Thomas Bernhard, *Minetti* (Uitgeverij Perdu, Amsterdam 1988 (1976)), p. 24.
2. Inmiddels is 't Colofon failliet gegaan. Een belangrijke reden om een schrijfschool als 't Colofon niet te subsidiëren lijkt de mythe te zijn geweest dat schrijven niet te leren is. Een deel van de docenten en studenten is overigens na het faillissement doorgegaan in de Schrijversschool Amsterdam.

moet geloven. Voor de emoties van de auteur koopt hij niets.[3]

Afstand is een magisch woord bij het schrijven. Meestal wordt het gebruikt wanneer een schrijver iets wil schrijven dat zeer autobiografisch is. En dan zegt men: 'Heb je wel genoeg afstand om dat te schrijven?' En de enige remedie die lijkt te bestaan is: 'Laat er wat tijd overheen gaan, je bent er nog niet klaar voor.'

Is er dan echt geen andere manier om afstand te scheppen dan je tijd uitzitten? Is er in het schrijfproces een werkwijze om afstand te scheppen? Het is blijkbaar ingewikkeld om het langetermijngeheugen gewoon als harde schijf te beschouwen waar je naar hartenlust uit kunt putten.

Een groot deel van dit boek is erop gericht woorden, associaties, ervaringen en herinneringen puur als materiaal te zien waarmee je kunt werken zonder er emotionele betrokkenheid bij te hoeven hebben. In dit hoofdstuk wil ik kort laten zien hoe juist het principe van afstand scheppen in je materiaal de basis is van spanning, theatraliteit en dramatiek. We zagen bijvoorbeeld in het hoofdstuk over spreektaal dat uit de werkelijkheid opgevangen dialogen altijd nog gestileerd moeten worden. Die kunstmatigheid, die de spreektaal nodig heeft om op papier levend te worden, is zo'n vorm van afstand nemen.

Het gebruik van het woord 'theatraal' wijst zelf al op die kunstmatigheid. We noemen iets 'theatraal', als het iets groter, overdrevener, kunstmatiger is dan de werkelijkheid.

Afstand kan op allerlei verschillende gebieden worden gecreëerd. Een eerste werkwijze is om *afstand te nemen van je betrokkenheid bij het materiaal.*

Stel, we willen een autobiografische ervaring omzetten in een verhaal of een toneelstuk, maar we zitten er té dicht op, zo heeft de redacteur of de dramaturg ons minzaam glimlachend verzekerd. Bij veel van onze herinneringen of onze verzinsels helpt het dan om ze te vertalen in *oerverhalen* of basisstructuren. Onze betrokkenheid gaat hand in hand met het gevoel dat het bij deze

3. Renate Dorrestein, *Het geheim van de schrijver* (Contact, Antwerpen/Amsterdam 2000), p. 38.

ene ervaring of dit ene idee gaat om iets unieks, iets eenmaligs. Het kan dan bijvoorbeeld zeer goed werken om je te realiseren dat er volgens schrijver Georges Polti maar zesendertig dramatische situaties bestaan, waarbinnen alle verhalen passen. Nummer 21, bijvoorbeeld, is bij hem de held die zichzelf opoffert voor een directe naaste, vaak een familielid. Deze situatie kun je terugvinden in *Measure for Measure* van Shakespeare, *Cyrano de Bergerac* van Rostand, *Great Expectations* van Dickens, en in alle *Alcestis*-bewerkingen, van Sophocles tot Racine, van Euripides tot Gluck. Bestudeer je eigen ervaring en zie dan in welk van de 36 basisstructuren jouw unieke ervaring past.[4]

Het recente boek van James Bonnet, *Stealing from the Gods*, toont in hedendaagse films, toneelstukken en romans hoe zelfs de ontwikkeling van de held vaak dezelfde is als in de oerverhalen van oude beschavingen,[5] en hij laat bovendien zien hoe je met die kennis van oude structuren zelf weer nieuwe verhalen kunt maken.

Je kunt deze werkwijze dus ook omdraaien en verhalen verzinnen *vanuit* oerverhalen en basisstructuren. Het bewerken van mythen kan daarbij een heel nuttige methode zijn. Je kiest een oude Griekse mythe die je aanspreekt en probeert het verhaal om te zetten naar een hedendaags verhaal waarin je jezelf direct herkent. Het handige is dat je als het ware naar je eigen betrokkenheid toe werkt, die je als het ware betrapt in het materiaal. Bijkomend voordeel is dat je ervaart hoe het is om een tekst te maken die vanaf het begin relaties heeft met andere teksten en verhalen. Jouw bewerking van Medea verwijst altijd naar andere Medea's, opera's, romans en films, en natuurlijk naar de mythe zelf.[6]

4. Georges Polti, *The Thirty-Six Dramatic Situations* (Boston 1977 (1921)).

5. Bonnet baseert zich vooral op James Campbell, die in zijn boek *De held met de duizend gezichten* het concept van de 'weg van de held' ontwikkelde, dat hij in alle oerverhalen van oude beschavingen tegenkwam, ook beschavingen die geen weet van elkaars bestaan hadden.

6. Deze werkwijze is uitgewerkt in het onderzoek van Daniela Moosmann, *In het begin was de mythe; hoe je mythen kan gebruiken als basis voor het schrijven* (interne publicatie schrijfopleiding Hogeschool voor Kunsten, Utrecht 2001).

Een tweede werkwijze is om afstand te nemen van *personages.* Terwijl je je bij ervaringen of herinneringen kunt richten op basisstructuren, kun je bij het ontwikkelen van een personage archetypische elementen zoeken. Je zou het misschien niet denken, maar een bevinding van de psychoanalyse kan ons daarbij helpen. Psychoanalytici kwamen erachter dat hoe 'dieper' ze mensen onderzochten, hoe meer ze op elkaar gingen lijken. Daarin zit een nuttige paradox: hoe dieper we graven, hoe minder uniek datgene wat we tegenkomen. Ik kan me dus beter in mijn personage richten op de archetypische aspecten ervan. Wil ik iets unieks, dan kom ik aan de oppervlakte terecht.

> Voor mijn personages baseer ik me op bestaande figuren en daar maak ik dan weer clichés van.[7]

Om spanning en dramatiek te creëren kan het ook van belang zijn om afstand te scheppen in het gebruik van *ruimte.* Met 'afstand' bedoel ik dat de ruimte niet automatisch een aan het personage vastgeplakte illustratie is, maar zelf, door zijn afstand, voor spanning kan zorgen. Een eenvoudig voorbeeld hiervan is de ruimte als weerstand voor het personage. Romeo en Julia willen graag dicht bij elkaar zijn, maar de hoogte van het balkon maakt dat moeilijk en dáárdoor juist spannend en dramatisch. Als Els het wil uitmaken met Piet, kun je een ruimte kiezen die een van de twee of beiden verhindert om hun emotie te tonen. Creëert de ruimte meer afstand tussen Els en Piet wanneer Els het naakt in een overvolle sauna moet uitmaken, of juist met z'n tweeën in de lift die net is blijven steken?

Een veelgebruikte manier om afstand te scheppen tot je materiaal is spelen met de *tijd.* Spelen met tijd gebeurt vooral op plotniveau. Dat komt doordat er twee verschillende vormen van tijd bestaan: de speeltijd en de gespeelde tijd. Speeltijd is de tijd die het vertellen van het verhaal in beslag neemt en de gespeelde tijd

7. Gerardjan Rijnders, in: Carel Alphenaar e.a. (red.), *De goden van het theater; 22 Nederlandse en Vlaamse toneelschrijvers aan het woord* (Harlekijn, Westbroek 1983), p. 125.

is de tijd waarin het verhaal zelf zich afspeelt. Wanneer bijvoorbeeld een auto in slow motion het ravijn in valt, is de speeltijd langer dan de gespeelde tijd, want het moment duurt in de vertelling langer dan in 'werkelijkheid'. Wanneer in the *Lion King* het jonge welpje tijdens één wandeltocht over een boomtak uitgroeit tot een volwassen leeuw, is het precies andersom: dan is de speeltijd veel korter dan de gespeelde tijd. Beginnende schrijvers beseffen vaak niet dat de afstand tussen die beide tijden spanning en dramatiek kan opleveren.

Afstand nemen van je materiaal door middel van spelen met tijd kan heel eenvoudig op zinsniveau geschieden. Is een monoloog over een emotionele, heftige herinnering maar niet spannend te krijgen, dan kan het helpen om die herinnering juist in de toekomende tijd te zetten. De verandering van tijd werpt een heel ander licht op de ervaring en opent daardoor mogelijkheden voor spanning bij de kijker of de lezer.

Een vrouw doet aangifte bij de politie:

AGENT:
Nou, mevrouwtje, vertelt u maar eens precies wat er gisteravond gebeurd is.

VROUW:
Ik ben thuis alleen. Ik lig in bed. Ik zal de deur beneden plotseling open horen gaan. Zware stappen. Zware stappen zullen klinken op de trap. Ik zie onder mijn slaapkamerdeur het licht van de gang en de schaduw van twee voeten. En dan zal de deur opengaan, een man zal binnenkomen, hij zal me vastpakken en gooien zal hij me. Op het bed... Had u misschien een glaasje water voor mij?

Tegenwoordig zien we in romans en toneelstukken meer en meer een tendens om afstand te scheppen van het *genre* dat gebruikt wordt. Dat gebeurt door het met een ander genre te vermengen. De thriller wordt weer fris en spannend, doordat hij als documentaire gepresenteerd wordt, bijvoorbeeld bij *The Blair Witch Project*. Veel theatervoorstellingen maken op die manier van verhalen eerder kronieken. Ze vervlechten de ontwikkeling van de personages met interviews, ooggetuigenverslagen, achtergrondmateriaal enzovoort. Ook in de roman *Het Bureau* van Voskuijl bestaat de spanning voor een deel uit het feit dat het boek qua schrijfstijl een combinatie is van een fictioneel verhaal en een feitelijke kroniek.

Verdubbeling van je genre heeft het voordeel dat je vanuit een heel ander perspectief naar je materiaal kunt kijken. Daar kun je gebruik van maken bij het schrijven. Wanneer de vrouw (is het Els?) bij de politie aangifte doet van aanranding (door Piet?), zou je kunnen beslissen om de agent alleen maar te laten reageren door hem Duitse liedjes uit de jaren dertig te laten zingen of neuriën.

Het is opvallend dat het tegenwoordig met name het documentaireachtige is dat de fictie is binnengedrongen. Jon Franklin schrijft in zijn boek *Writing for Story* dat dat in de jaren zestig precies omgekeerd was. Toen zetten schrijvers als Truman Capote hun journalistieke non-fictieverslagen juist als romans op. De fictie drong destijds de documentaire binnen. Nu is de kroniek de fictie binnengedrongen.[8]

Over afstand scheppen door middel van *taal* hebben we het met name in hoofdstuk 4 al uitgebreid gehad. Wat nog weinig aan de orde is geweest, is afstand nemen door jezelf een strakke taalvorm op te leggen. Dat zou een vast metrum kunnen zijn – elke spreekzin in vijfvoetige jamben –, maar het kan ook zijn dat de personages alleen in rijmende teksten spreken. Door het keurslijf dat de schrijver zichzelf oplegt, blijkt hij vaak een gezonde afstand tot de emotionele inhoud van de tekst te kunnen scheppen.

Zelfs de eenvoudigste subtekst en dubbeling is een afstand in de taal, anders dan soapteksten, waar de taal en zijn betekenis juist willen samenvallen. Maar communiceren we misschien niet juist wanneer we de eerlijkheid niet nastreven? Is de dubbelheid niet juist dramatisch dóór haar afstand?

Er bestaan veel oefeningen om afstand te scheppen tot je *herin-*

8. Jon Franklin, *Writing for Story; Craft Secrets of Dramatic Nonfiction by a Two-Time Pullitzer Prize Winner* (Penguin Books, New York 1994 (1986)).

neringen. Onderzoek naar het schrijfproces heeft uitgewezen dat ervaren schrijvers snel kunnen schakelen naar hun langetermijngeheugen. Onervaren schrijvers hebben niet minder toegang tot hun herinneringen, maar hebben er meer moeite mee om die om te vormen tot bruikbaar materiaal.[9] Ze willen als het ware hun herinnering niet veranderen of aanpassen. Maar het is nuttig om materiaal uit het langetermijngeheugen voortdurend te variëren.[10] Herschrijf de herinnering met een vader in plaats van met een moeder. Maak in je beschrijving je hoofdpersoon eens tien jaar ouder, of plaats hem in een ander land.

Het kunnen heel kleine variaties zijn. Een Oostenrijkse leerling van me beschreef een scène waarin een jongen tegen zijn ouders zegt dat hij naar Nederland wil emigreren. Aangezien de ouders in hun reacties ongeveer gelijk waren, stelde ik voor er één te schrappen. De jongen twijfelde een week lang wie hij weg moest sturen. Uiteindelijk koos hij ervoor de vader offstage in de keuken te zetten en voerde de jongen het gesprek met de moeder. Ik stelde nu voor de jongen dertig jaar ouder te maken en het verhaal samen met zijn eigen dochter bij de ouders te komen vertellen. Hoe verder we doorgingen, hoe meer hij de kern raakte van wat hij eigenlijk wilde schrijven: dat het de jongen destijds volstrekt onverschillig was hoe zijn ouders zouden reageren. Zolang de leerling bleef vasthouden aan zijn oorspronkelijke herinnering, kon hij die onverschilligheid in de scène echter net zomin toelaten als destijds in het echt.

Sheila Yeger geeft in haar boek *The Sound of One Hand Clapping; a Guide for Writing Theatre*, een vergelijkbare oefening, die even eenvoudig als doelmatig is. Je beschrijft een voor jou belangrijke herinnering en vervolgens schrijf je een monoloog voor

9. Dit worden 'adaptatieproblemen' genoemd. Voor een verdere beschrijving zie: Daniël Janssen, 'Schrijven en schrijfprocessen', in *Schrijven aan beleidsnota's* (Groningen 1991), p. 15-17.

10. Jenny Newman, Edmund Cusick & Aileen La Tourette suggereren in hun boek *The Writer's Workbook* (Arnold Publishers, Londen 2000, p. 30) dat een dergelijk variëren van de gegevens ook mogelijk is met een bestaande tekst. Je neemt een verhaal dat je mooi vindt en herschrijft het door een aantal gegevens, bijvoorbeeld de lokatie of de tijd, te wijzigen.

iemand die bij het moment dat je je herinnert ook aanwezig was. Als we bovenstaand voorbeeld nemen, zou het bijvoorbeeld een monoloog voor de vader kunnen zijn. Tien tegen een dat die vader een heel andere herinnering aan het gesprek heeft dan zijn zoon. Wellicht heeft hij helemaal geen herinnering.

Toneelschrijver Paul Pourveur vindt dat het afstand nemen van het geheugen, het letterlijk vergeten, de basis is om een nieuwe, eigentijdse verhaalkunst en dramaturgie te bouwen. In het artikel *Over het verleden en geheugenverlies* beschrijft hij hoe geheugenverlies de sleutel is om afstand te nemen van het alledaagse wereldbeeld en tussen twee werelden in te belanden:

> Niettemin kunnen we spreken van een hedendaagse dramaturgie. De structuren worden minder dwingend, personages worden niet langer psychologisch uitgewerkt, het verhaal verwatert, het fragmentarische heeft zijn intrede gedaan.
>
> In de hedendaagse dramaturgie worden de wrijvingen tussen het causale en het acausale stilaan zichtbaar. De teksten krijgen hierdoor een ontwricht karakter en beginnen zich stilaan te situeren tussen twee werkelijkheden in.[11]

Het reagerend schrijven, zoals ik dat in dit boek vorm probeer te geven, is een belangrijke manier om afstand te nemen van voorspelbare psychologie. Schrijven is dan niet meer het weergeven van een voor de hand liggende emotie, maar een reactie, het variëren en steeds weer veranderen van het materiaal om plotseling een emotie of een gedachte te kunnen betrappen.

Schrijven is in dat opzicht onderzoeken. Je schrijft monologen om je personage te leren kennen; je schrijft een lied voor je personages om het genre te onderzoeken. Teksten zijn dan geen eindproducten, maar reacties en onderzoek. Schrijven is tasten in een donkere ruimte tot je een deur vindt. En die deur komt uit op de werkelijkheid.

11. Paul Pourveur, *Over het verleden en geheugenverlies* (Lezing voor het theaterfestival 1997), in: Programmaboek 'De Tijd speelt *Vaders en zonen* en *Noorderlicht* van Paul Pourveur'.

Tussenscène – *Oom Hein leert zijn neefje schrijven* (3)

(Het regent pijpenstelen.
Oom Hein is verhuisd naar een hofje voor senioren.
Jan belt doorweekt aan.
Vierhoog verschijnt oom Hein op een overdekt balkon.)

OOM HEIN:
Wie daar?

JAN:
Neef Jan.

OOM HEIN:
Wat kom je doen?

JAN:
We zouden het over schrijven hebben.

OOM HEIN:
Niet zo hard.
Denk aan de fiscus.
Ik begeleid je zwart.

JAN *(roepend)*:
Wat?

OOM HEIN:
Zwart!
De hopeloosheid maakt alles draaglijk.

JAN:
Kan ik misschien even binnenkomen?
Dat praat makkelijker.

OOM HEIN:
Dat is je eerste fout.

JAN *(roepend):*
Wat bedoelt u?

OOM HEIN:
En dat is je tweede.

JAN *(roepend):*
Ik begrijp u niet.

OOM HEIN:
'Kan ik misschien even binnenkomen
Dat praat makkelijker'
De basisfout van schrijven:
de weg van de minste weerstand
Hup zet ze op een sofa
In de huiskamer
Op een feestje
'Dat praat makkelijker'
Ruimte is weerstand jongeman
Geloof me:
Jij staat daar heel goed
daar beneden

JAN:
Maar we kunnen zo toch niet met elkaar blijven praten?
Ik ben zeiknat

OOM HEIN:
Precies
dat is spannend
Maak het je personages zo moeilijk mogelijk.
Je ziet het hele hofje denken:
hoe zal die jongen dat oplossen?

JAN:
Dat is flauw
U zit hoog en droog.

OOM HEIN:
Flauw? Flauw?
Flauwheid en meligheid
zijn de meest onderschatte eigenschappen van een schrijver.
Het is flauw van Shakespeare
om Romeo niet even een trapleertje te geven
zodat hij snel Julia op het balkon in zijn armen kan sluiten.

JAN:
Sorry.
(stilte, daarna roepend)
Wat was mijn tweede fout?

OOM HEIN:
Je gilt als een gekeeld varken.
Je denkt
Grote ruimte
grote afstand:
kloof overbruggen geblazen.

JAN *(zacht):*
Wat moet ik dan?

OOM HEIN:
Wat zeg je?

JAN *(harder):*
Wat ik dán moet?

OOM HEIN:
Ik versta je niet.
De regen...

JAN *(nog harder):*
Wat ik moet!

Dán!
Nu.

OOM HEIN *(zingt):*
Zachtjes tikt de regen tegen het zolderraam.
Toonbeeld van de meligheid.

JAN *(in zichzelf):*
Ach barst
Ik ga weg
Arrogante lul

OOM HEIN:
Dit klopt
Wat je nu doet klopt precies

JAN:
Hoe kan het nou
Dat u nu opeens wél hoort wat ik zeg?

OOM HEIN:
Ik hoor alleen wat interessant is.
Dat roepen van je is vreselijk saai
hoewel je het ritme aardig varieerde
Maar een kloof overbruggen boeit niet.
Ik maak het je onmogelijk
en opeens word je interessant.
De volgzame leerling toont plotseling
dat hij zijn meester óók een arrogante lul vindt
Sterker nog:
De leerling is volgzaam én wil weg.
Dubbelheid! Dramatiek!
De afstand brengt het personage vérder van huis.
Kom binnen.

*(Oom Hein trekt aan het touw en opent de deur.
Jan betreedt het trappenhuis.)*

OOM HEIN *(komt hem tegemoet):*
Wat is dit?

JAN:
Een trappenhuis.
Zullen we naar boven?
We staan op de tocht.

OOM HEIN:
Je doet het weer
Je ziet de ruimte niet.

JAN:
Aha ik begrijp het.
Ik moet mijn zintuigen gebruiken
Ruiken proeven
Dán pas kan ik erover schrijven
Luisteren observeren.

OOM HEIN:
Hoe kom je daar nou bij?

JAN:
Kijken kijken en de rest erbij denken.

OOM HEIN:
Dat is Koot en Bie
Dat is jatten
Dat is een andere les
Nou?

JAN:
Ik heb geen flauw idee.

OOM HEIN:
Geen idee?
Heel goed
Geen flauw idee?

Jammer
Toch ga je vooruit
(Hij kust Jan vol op de mond.)
Kussen zonder planning
Is dat ongewenst?

JAN:
Nou nee
Maar we staan half buiten.

OOM HEIN:
Half privé half openbaar
Hier is de plotselinge kus veel spannender dan op de sofa
Je weet nu niet meer wat je doen moet
Doorlopen naar mijn etage wordt suggestief
Weggaan is een statement
Je bent een dubbeltje op zijn kant
(stilte)
Mijn mascara loopt uit.

JAN:
Het is de regen.

OOM HEIN:
Heb je het koud?

JAN:
Ja
Nee.

OOM HEIN:
Wanneer was je het meest ongelukkig in je leven?

JAN:
Nu.

OOM HEIN:
En gelukkig?

JAN:
Ook nu.

(stilte)

OOM HEIN:
Morgen zondag
De hele dag.

JAN:
Ja.

OOM HEIN:
Ik ben moe.

JAN:
Ja
Ik ook.

OOM HEIN:
Wat denk je?

JAN:
Of het begrip 'uitloopscène'
op de mascara slaat
die uitloopt.

OOM HEIN:
Misschien
Misschien
'Ich kann alles nur mit vielleicht beantworten.'

JAN:
Thomas Bernhard?

OOM HEIN:
Misschien.

8. Bijschrijven

Nieuwe media en schrijven

> Ik spreek met een van die kinderen, over wie ik hoor dat hij niet, of amper, kan lezen of schrijven; hij verzet zich tegen iedere poging om hem van het scherm weg te halen en te laten lezen. Ik verlies mijn geduld en schreeuw: 'Jij bent een analfabeet.' Het kind zegt: 'Jij bent een analfabeet.' Inderdaad kan ik niet volgen wat hij daar doet. Heeft u zulke kinderen wel eens bezig gezien?
>
> Hun vingers glijden over de toetsen als bij pianovirtuozen. Hoe moet ik het zeggen – hun vingers denken en scheppen. Hun vingers bewegen als bij een musicus die terugkeert naar een motief, of een zweem van een motief, of een verband tussen twee maten, om via zijn vingers nog eens de mogelijkheden ervan af te tasten, het te verbeteren. En het kind zegt dat ik een analfabeet ben. Een dialoog tussen doven. Wij gapen elkaar aan.[1]

Er bestaat geen vaste manier van schrijven. Iedereen past zijn schrijfstrategie aan aan bijvoorbeeld de opdracht die hij krijgt, de plaats waar hij schrijft of de muziek die er opstaat.

Daarbij is er één factor die we tot nu toe buiten beschouwing hebben gelaten: het medium zelf, het middel waarmee je schrijft. In het eerste hoofdstuk tipte ik al het verschil aan tussen het schrijven van een e-mail en een brief. In een e-mail gebruiken we vaak geen aanhef meer en schrijven we veel kortere zinnen dan in berichten op papier. En heb je ook gemerkt dat mensen in een e-mail veel onbeschaamder flauw of melig durven te zijn dan in een brief?[2]

Natuurlijk was er al vóór de opkomst van de computer aan-

1. George Steiner, 'Talent en technologie; het einde van de literaire grootspraak', in *NRC Handelsblad*, 18 mei 1996.

dacht voor het medium van de schrijver. De talloze verhalen van auteurs over de juiste Bic- of kroontjespen met de juiste schriften, de juiste schrijfmachine met het juiste papier suggereren zoveel belang van het medium voor het schrijven, dat de fysieke daad gemakkelijk een ritueel karakter krijgt.

> De ruimte rond het schrijfritueel is meer to the point. Simenon noteerde de plot van een nieuw boek op een envelop die louter geel mocht zijn, hij schreef zijn psychologische romans met potlood en zijn Maigrets op de schrijfmachine. Schrijfdagen markeerde hij met blauw op zijn kalender, correctiedagen met rood.[3]

Renate Dorrestein babbelt in haar boek *Het geheim van de schrijver* een tiental pagina's door over het materiaal dat ze bij het schrijven gebruikt. We leren dat het met die 'mieterse schriften' blijkbaar een 'ontzettende gezellige manier van werken' is. Het is frappant dat zelfs het medium als een mythe van het schrijverschap gaat fungeren. Een échte schrijver weet blijkbaar precies welk materiaal hij gebruikt en dat luistert heel nauw. Dorrestein schrijft zelf:

> Op die kernvraag ['hoe komt een boek tot stand?', NC] heeft de schrijver geen antwoord. Het enige dat hij kan doen om in de buurt van een verklaring te komen, is zijn gereedschap op bijna metafysische wijze in het geding brengen. Er bestaat geen andere manier waarop hij zichtbaar kan maken hoe hij schrijft. Zijn antwoord is machteloos, aangezien hijzelf niet bij machte is het raadsel van fictie op de staart te trappen.[4]

2. Zie ook het artikel van Mieke Zijlmans, 'De computerschrijver zit geen twee minuten stil', in *de Volkskrant*, 22 oktober 1994, waarin de Antwerpse communicatiewetenschapper dr. L. van Waes en de Zweedse linguïst en informaticus dr. K. Eklundh wijzen op deze invloed van het medium op het schrijfproces.

3. Paul Arnoldussen, 'De grote zonen van Brussel en Luik', in *Het Parool*, 3 april 2003.

4. Renate Dorrestein, *Het geheim van de schrijver* (Contact, Antwerpen/Amsterdam 2000), p. 227.

Met de komst van computer en internet is het medium voor de schrijver enorm aan het veranderen. Dat geldt zowel voor de hardware (toetsenbord en beeldscherm), voor de software (de tekstverwerker) als voor de middelen om informatie over te brengen (internet). We zitten op dit moment volop in die ontwikkeling. Hoe zullen schrijvers werken die met e-mail en doorklikken zijn opgegroeid, voor wie uploaden en downloaden even belangrijk zijn en voor wie de digitale wereld allang een realiteit is? Hoe zullen ze gaan schrijven, wat voor teksten komen daaruit, wat voor personages, wat voor verhalen, wat voor taal?

Wanneer we willen bekijken op welke manier de nieuwe media het schrijven beïnvloeden, dienen we ons even over het gebruikelijke patroon heen te zetten waarmee een nieuw medium altijd wordt behandeld. We zien vrijwel steeds dezelfde drie stappen. Eerst is er weerstand tegen het nieuwe medium; het wordt gezien als iets onnuttigs of verderfelijks. De aanvankelijke angst dat door de computer het boek zou verdwijnen is een voorbeeld van die weerstand. Daarna worden vormen en verworvenheden van het oude medium naar het nieuwe medium gekopieerd. De eerste televisiestukken waren in feite opgenomen theatervoorstellingen. In het begin schreven we een e-mail alsof het een brief was. Het enige verschil bestond eruit dat de e-mail sneller zijn bestemming bereikte dan een brief. In de derde fase wordt de eigenheid van het nieuwe medium onderzocht en benut. Hieruit ontstaan dan nieuwe uitingsvormen. Laten we, wanneer we de invloed van de nieuwe media op het schrijfproces bekijken, uitgaan van de eigenheden van die nieuwe media.[5]

Door elk nieuw medium krijgt de mens meer mogelijkheden. Wanneer de trein, de auto en het vliegtuig onze armen en benen hebben verlengd (we kunnen verder lopen, meer vastgrijpen en omarmen), de telefoon onze oren en de tv onze ogen groter heb-

5. Voor de beschrijving van die drie fases, zie Hans van Driel, 'Digitaal lezen & schrijven', in: H. van Lierop, H. Peeters & A. de Vries (red.), *Een gat in de grens; ontwikkelingen in literatuur en onderwijs* (1998).

ben gemaakt, en het boek wellicht ons geheugen, wat wordt er dan verlengd door de computer?[6]

Ik heb een terugkerende droom dat ik opeens een nieuwe deur in mijn kamer vind, waarachter zich een enorme grote andere kamer bevindt, waarvan ik het bestaan niet kende. In mijn droom ga ik die kamer binnen, en ik sta verbaasd over de grootheid en de verscheidenheid ervan. Meestal ziet het eruit als een kolossale zolder met talloze spullen.

Die terugkerende droom is werkelijkheid geworden. De deur is het beeldscherm van mijn computer. Bij de tv heb ik die associatie nooit gehad. Het tv-scherm was niet mijn extra kamer, aangezien ik er niet in kon stappen en doorheen kon lopen. De tv is de kamer van de buren, waarvan ik de deur open zie staan, zodat ik snel en stiekem kan nagaan wat ze uitspoken. Maar het wordt nooit een extra kamer voor mij. Dat is wel zo met mijn pc.

Met de computer worden in de eerste plaats mijn relaties uitgebreid: ik sta nu altijd met alles en iedereen in contact. Ik kan op elk moment van de dag chatten met een Canadees of schaken met een Rus.

Naast mijn relaties worden ook de verbanden uitgebreid. Niet alleen wordt de droom van de Franse dichter Baudelaire bewaarheid, dat alle disciplines met elkaar in verbinding staan, maar ook teksten zelf zijn oneindig met elkaar verbonden.[7] Hypertekst op cd-roms of internet is daarvan een duidelijk voorbeeld: een tekst wordt voorzien van koppelingen (hyperlinks) die toegang geven tot weer andere teksten (commentaren, verwante teksten van de-

6. Het concept van uitbreiding door de media ontleen ik aan Janet Murray, *Hamlet on the Holodeck; the Future of Narrative in Cyberspace* (The Free Press, New York 1997), p. 2.

7. Het woord wordt bijvoorbeeld in toenemende mate tot beeld. 'De schrijver en literatuurtheoreticus Michael Joyce gaat zelfs zover te stellen dat een hypertekst – een netwerk van aan elkaar gekoppelde tekstfragmenten waardoorheen de gebruiker zich al klikkend op gemarkeerde woorden een weg baant – voor alles een visuele vorm is.' Jos de Mul, 'Kunst en nieuwe technologie; het kunstwerk in het tijdperk van digitale reproduceerbaarheid', in *Hier gaat het over in de cultuur, de komende jaren* (Balie, Amsterdam 1999), p. 104.

zelfde of van andere auteurs) en tot uiteenlopende beeld- en geluidsbestanden. Hyperteksten lezen we daardoor ook anders dan teksten op papier. We gaan niet meer lineair en chronologisch, maar eerder zappend lezend te werk: we schieten van fragment naar fragment en komen af en toe weer terug bij 'het' verhaal.

> Wie dergelijke multimediale hyperteksten (ook wel aangeduid als hypermedia) leest, merkt dat ze uitnodigen het traditionele 'horizontale' lezen te complementeren met 'verticale' leesbewegingen.(...)
>
> De hyperlinkstructuur verandert niet alleen het leesproces, maar maakt het ook mogelijk bestaande culturele vormen te transformeren in de richting van nieuwe genres en zelfs geheel nieuwe kunstvormen.[8]

Op tekstgebied zijn er door de nieuwe media inmiddels veel van die nieuwe genres en kunstvormen ontstaan. Dat loopt van interactieve scenario's, waar de lezer in het verhaal zelf keuzes kan maken over de voortgang ervan, naar games, waar de lezer gebruiker is geworden. Ook cybertekst en cyberpunk zijn voorbeelden van nieuwe tekstvormen die zijn ontstaan door de nieuwe media.[9]

In het kader van dit boek wil ik echter vooral ingaan op de vraag hoe ons schrijfproces door de nieuwe media is veranderd. De eerste verandering, die ik al noemde, is het feit dat schrijven meer en meer op *spreken* is gaan lijken. Doordat de nieuwe media sneller werken, hebben we het gevoel dat de schrijver en de lezer tegelijkertijd aanwezig zijn.

Dat zien we niet alleen in de aard van onze e-mails, maar ook aan de typische turbotaal, die we gebruiken in chatboxen en sms. De talige weergave van woorden als 'CU' (see you), 'U2' (you too), 'ff weg' (even weg) of 'W88 op Godot' werkt alleen maar wanneer je je voorstelt hoe die tekens klinken als ze worden uitge-

8. Jos de Mul, *Cyberspace Odyssee* (Klement, Kampen 2002), p. 78-79.
9. Zie voor een beschrijving hiervan Jos de Mul, *Cyberspace Odyssee* (Klement, Kampen 2002), p. 69 vv.

sproken. We bootsen in het nieuwe schrijven steeds meer het spreken na.

Een tweede verandering is dat *bijschrijven* een steeds meer aanvaarde schrijfstrategie wordt. Je leest ergens een tekst en gaat er dan aan meeschrijven; je voegt er als het ware iets aan toe en verandert daarmee de tekst.

Twee voorbeelden:

– De Engelse webkunstenaars Leslie Hill en Helen Paris maakten een reis door de Verenigde Staten en publiceerden hun ervaringen bij elke reisstop direct op het net. Ze nodigden de lezers uit hun ervaringen over die specifieke plekken ook op te schrijven en in te sturen. Al die teksten samen groeiden tijdens de reis uit tot een gigantisch reisverslag, waaraan honderden mensen hadden meegeschreven.
– Een schaakvriend van mij, Wim Nijenhuis, schrijft een biografie van de grootmeester Aaron Nimzowitsch en publiceert steeds wat hij gevonden heeft op het net. Anderen worden nadrukkelijk uitgenodigd om hún informatie over de geniale schaker daaraan toe te voegen. Er groeit op die manier een biografie op het net die door tientallen mensen gezamenlijk wordt geschreven.

Dit bij- en meeschrijven wordt in veel literatuurwetenschappelijke publicaties de hedendaagse versie van de briefroman genoemd.

Schrijven wordt op deze wijze eerder reageren op andere teksten; de werkwijze is vergelijkbaar met het inglijden, dat ik beschreef in hoofdstuk 2.

Lezen en schrijven naderen elkaar steeds dichter. Internet heeft van een consumerende lezer een creatieve samensteller gemaakt, die zijn eigen multimediale verhaal samenstelt. Schrijven wordt op die wijze ook democratischer. Iedereen kan publiceren door zich in een web van andere teksten in te voegen.

Nog radicaler dan tot nu toe wordt door de nieuwe media op deze manier ook de *intertekstualiteit*, het in je teksten gebruiken van en verwijzen naar andere teksten, onderdeel van het schrijven zelf.

Toneelschrijver Paul Pourveur geeft aan hoe door internet de ervaringswereld als basis van het schrijfproces enorm uitgebreid wordt:

> Met een computer en een modem wordt het schrijven het resultaat van 'dataverkeer'. Ik ontmoet geen reële mensen met aktetassen waarover ik schrijf, maar informatie, databanken, andere onzichtbare (niet-materiële) gebruikers van het internet-netwerk.[10]

Het blijkt dat de verhaalstructuur van dergelijke producten *fragmentarischer* is geworden. We zagen in hoofdstuk 6, over monologen, al hoe het veranderende mensbeeld de oude ideeën over de opbouw van het personage heeft aangetast. Zoals het personage niet meer een mooi geheel is met een kern en een ontwikkeling, maar meer versplinterd is geraakt in een aantal stemmen, zo zien we ook verhalen zelf steeds fragmentarischer worden.

Dat is in theater nadrukkelijk het geval, maar we zien ook in proza dat het verhaal eerder bestaat uit een groot aantal kleine fragmenten en verhalen dan uit de ontwikkeling van één hoofdpersoon. Het verklaart mijns inziens de terecht grote populariteit van het werk van Salman Rushdie.

> Verhalen worden minder lineair en zijn fragmentarischer opgebouwd, personages worden niet meer psychologisch uitgewerkt omdat het verleden niet in staat is om het heden te verklaren. (...) De auteur beschikt niet langer over de gave van de voorspelling, met andere woorden, in dit model zijn er geen sluitende eindes.[11]

Zoals het lezen en kijken is veranderd van een chronologisch, lineair proces naar een soort zappende, springende, schakelende

10. Paul Pourveur, 'Het soortelijk gewicht van Sneeuwwitje', in *Het soortelijk gewicht van Sneeuwwitje; teksten 1985-1995* (Bebuquin, Antwerpen 1996), p. 413.
11. Paul Pourveur, 'Het soortelijk gewicht van Sneeuwwitje', in *Het soortelijk gewicht van Sneeuwwitje; teksten 1985-1995* (Bebuquin Antwerpen 1996), p. 394.

actie – op een televisieavond volgen we moeiteloos drie films en een voetbalwedstrijd tegelijkertijd –, zo is ook in het schrijfproces *schakelen* steeds meer een essentieel onderdeel aan het worden.

Was het dertig jaar geleden een hele stap om tijdens je tekst van code te wisselen – detective wordt opeens komedie of psychologisch drama wordt een musical –,[12] tegenwoordig is het schakelen van codes en genres bijna zelf tot code of genre geworden.[13]

> Screenagers denken van nature tamelijk holistisch. Magische sprookjeswerelden in computerspelletjes, geen probleem. Natuur en techniek, realiteit en wonderlijke verschijnselen lopen in elkaar over. Ze loggen de ene keer als jongen, de andere keer als meisje in, ze bedenken nieuwe namen en een nieuwe verschijningsvorm als ze een avatar, een driedimensionale animatiefiguur, kiezen in het spel. Ze zijn origineel.[14]

Deze grote vrijheid in schakeling van genre, code en concept, door Hofstadter *slippage* genoemd, maakt dat het schrijfproces minder een schakeling in de diepte is (van metaforen naar hun achterliggende betekenissen, van verhalen en personages naar hun diepere lagen) dan een schakeling in de breedte.

Stilistisch lijkt dit het verschil tussen metafoor en analogie. Theaterschrijver en regisseur Koos Terpstra zei onlangs op een symposium over Nieuwe Theatraliteit dat hij gemerkt had dat bij het schrijven de metafoor niet meer aankomt bij het publiek.[15] Je hoopt, zegt hij, dat de toeschouwers een stuk over Griekse goden zien als een metafoor voor deze tijd, maar ze zien het enkel als een verhaaltje over Griekse goden. De filosoof Slavoj Zizek beschrijft

12. Ik denk daarbij bijvoorbeeld aan de film *One from the Heart* van Francis Ford Coppola, waar midden in een relatiedrama het licht verandert en de personages een lied ten gehore brengen.

13. We zagen dat al in hoofdstuk 7 bij het afstand nemen van het genre door het te verdubbelen.

14. Cybergoeroe Douglas Rushkoff in: Sandra Küpfer, 'We worden niet dommer, maar slimmer', in *NRC Handelsblad*, 27 februari 1998.

15. Toneelacademie Maastricht, vrijdag 28 maart 2003.

hetzelfde wanneer hij aangeeft dat de suggestie steeds meer uit de kunst verdwijnt.[16] Voor het schrijven is het van belang het verdwijnen van de metafoor en suggestie niet als een achteruitgang te zien, maar je vooral te richten op de praktische mogelijkheden van de breedheid, de analogie. Wanneer je een anekdote of een krantenartikel als uitgangspunt wilt nemen voor een verhaal of een toneelstuk, heeft het meer zin om naast de bron vele analoge anekdotes en verhaaltjes te maken of te verzamelen dan om de bronanekdote te analyseren op metaforische betekenis.

Veel van de aspecten die in de eerste hoofdstukken aan bod zijn gekomen, zijn te herkennen in de ontwikkeling van het hedendaagse schrijfproces onder invloed van de nieuwe media:

– werken met en vanuit kleine eenheden en fragmenten
– schakelend en reagerend schrijven
– gebruiken van en verwijzen naar andermans teksten
– schrijven als een op spreken lijkend proces
– afstand nemen van één genre of één code.

Wanneer dit allemaal het geval is, lijkt het alsof juist de nieuwe media oude mythen omtrent het schrijverschap helpen te ontkrachten. Toch is er één mythe, die juist door de nieuwe media wordt gecreëerd, en dat is de mythe van snelheid. Een echte schrijver werkt snel, schakelt snel en legt snel verbanden. De langzame schrijver, die zorgvuldig sleutelt aan zijn formuleringen, lijkt daarmee een kneus, die niet met zijn tijd meegaat. Die mythe ontstaat doordat binnen de nieuwe media snelheid en vluchtigheid ten onrechte aan elkaar gelijk worden gesteld. De computer en internet werken wel snel, maar zijn het tegenovergestelde van vluchtig: niets gaat verloren en alles is terug te vinden en terug te lezen. Er is veel meer tijd voor reageren dan we denken.

Ik zie meer en meer verhalen ontstaan die het schakelende, 'snelle' schrijven gebruiken om verhalen te maken over langdu-

16. Slavoj Zizek, 'Cyberspace of de ondraaglijke sluiting van het bestaan', in *Het subject en zijn onbehagen* (Boom, Amsterdam/Meppel 1997), p. 168.

rende, totaal niet vluchtige, tragische emoties, zoals nostalgie en melancholie.

Ik denk dat de flexibiliteit die het schrijfproces, onder andere onder invloed van de nieuwe media, nu bezit, niet verward moet worden met snelheid of vluchtigheid. Niet de snelheid is zo fijn, maar het niet-geworteld zijn.

Ook de positie van de schrijver is door de nieuwe media veranderd. Er gebeurt iets redelijk unieks: de schrijver is ook zichzelf meer en meer gaan 'verzinnen'. Voor de gebruikers van internet is de verleiding groot zich anders voor te doen dan in werkelijkheid. Avatars – digitale alter ego's – zijn populair.[17] Zoals je je op het net vrijelijk kunt voordoen zoals je wilt – in de chatbox verzin je tegelijkertijd met je teksten ook jezelf als schrijver –, zo wordt in traditionele teksten op papier de schrijver ook meer en meer zelf een personage.

Dat gebeurde al wel eerder in de literatuur. Het bekendste geval is de Portugese dichter Fernando Pessoa, die vele aparte schrijversnamen verzon, met ieder een eigen biografie en vooral een eigen schrijfstijl. En zoals Arnon Grunberg Marek van der Jagt verzonnen heeft, maakt hij op diezelfde speelse manier ook van Arnon Grunberg keer op keer een personage.

In het hedendaagse schrijven, dat zo sterk beïnvloed wordt door de nieuwe media, is de houding van de auteur, ook ten opzichte van zichzelf, er een van spel en compositie – ja, zelfs van flauwheid en meligheid. De toelating van associatie en analogie, tot nu toe als scheppende vormprincipes alleen in het het spreken geaccepteerd, is directe schrijfstrategie geworden.

Nieuwe media zijn het schrijfproces vandaag de dag op een fascinerende manier aan het veranderen. Het directe en lichte karakter van het sprekende, reagerende schrijven levert het schrijfproces heel nieuwe mogelijkheden en een veel grotere vrijheid op, on line maar ook gewoon op papier.

17. Er bestaan al exposities waarin te zien is hoe kunstenaars deze 'digividu's' creëren. In juni 1998 vond zo'n expositie plaats in De Balie in Amsterdam. Zie: Ineke Schwartz, 'Als ik twee zusjes had', in *de Volkskrant*, 29 mei 1998.

9. Uitschrijven

Schrijven zonder auteur

Ik kan de stap om niets te zijn niet nemen.[1]

Ik heb in dit boek de mythen over het schrijverschap afgebroken. Een hoofdstuk hoe je bij andere teksten jat, sprokkelt en plundert voor je eigen schrijven slechtte de mythe van originaliteit. Technieken om te schrijven zonder planning tastten de mythe van rationele genialiteit aan. Het hoofdstuk over monologen ontkrachtte de mythe van diepzinnige wijsheid.

Eén mythe, die ik in het eerste hoofdstuk noemde, is daarbij relatief buiten schot gebleven, hoewel hij op de achtergrond steeds heeft meegespeeld: de mythe dat het schrijven een weerslag is van een doorleefd lijden. Deze mythe laat je gebukt gaan onder het idee dat je persoonlijkheid, met haar emoties en herinneringen, als het ware ín je tekst moet zitten.

Hiermee raken we mijns inziens de oermythe van het schrijverschap, waarop alle andere mythen terug te voeren zijn: de identificatie van de schrijver met zijn tekst, of met andere woorden: de mythe dat de geschreven tekst het bezit is van degene die hem geschreven heeft. Overidentificatie van de schrijver met wat hij of zij geschreven heeft, uit zich in de rotsvaste overtuiging: het is míjn idee, het is míjn tekst. Ik schreef in het eerste hoofdstuk al dat dat wel eens de reden zou kunnen zijn waarom schrijvers zo moeilijk objectief, belangeloos, of – bij dramateksten – dramaturgisch naar hun eigen tekst kunnen kijken of kritiek kunnen verwerken. Aanmerkingen op de tekst worden dan direct als persoonlijke kritiek ervaren. Moeizame en onprofessionele verhoudingen tussen redacteuren en auteurs, dramaturgen en auteurs, en recensenten en auteurs zijn er het gevolg van.

1. Marguerite Duras, *Dat is alles; het afscheid van een schrijfster* (Van Gennep, Amsterdam 1996), p. 30.

'Hier is geen water, uitsluitend rots,' schrijft Ilja Leonard Pfeijffer in *Rupert*, zijn onlangs verschenen roman. 'Here is no water but only rock,' schreef de Amerikaanse dichter T.S. Eliot in *The Waste Land* uit 1922. Plagiaat of een spel met tekst? In *De Revisor* noemt Pfeijffer het 'spelevaren op de oceaan van andere literatuur'.[2] Overidentificatie van de schrijver met zijn tekst zorgt voor hysterische klopjachten op mogelijke gevallen van plagiaat, zoals we bij Pfeijffer, maar ook bij Adriaan van Dis en René Diekstra hebben kunnen zien.

> – Maar wat ík niet begrijp is wat jij er voor plezier aan beleefde te zien hoe jouw scheppingen werden toegeschreven aan een ander. Is het niet gruwelijk dat een vader anderen de vrucht van zijn ingewanden als aalmoes geeft?
> – Het is niet mijn bedoeling nederig te lijken. Ik hou ervan dingen te laten gebeuren en de enige te zijn die weet dat ze mijn werk zijn.[3]

Op de middelbare school vragen we kinderen vaak niet het effect te beschrijven dat de tekst op hen heeft of de tekst zelf te onderzoeken, maar we trainen hen om op grond van de tekst de bedoeling van de schrijver te achterhalen. Daarmee nemen we aan dat die vaste bedoeling in de tekst aanwezig is en er door de schrijver bewust is in gestopt. De leerling moet als het ware op zoek naar de schrijver in de tekst. Die aanpak geeft aan dat voor ons tekst en schrijver blijkbaar onlosmakelijk met elkaar verbonden zijn. Maar is het dan wel een mythe? Is het niet gewoon waar?

Roland Barthes heeft in zijn essay 'De dood van de auteur' laten zien dat het hele idee van een auteur die vastzit aan en in zijn tekst geen feit is, maar een concept dat zich de laatste vierhonderd jaar langzaam ontwikkeld heeft.[4]

In veel oude culturen is de vertolker of de voordrager van een verhaal bekend en belangrijk, terwijl niemand geïnteresseerd is in

2. *De Revisor*, nr. 3, 2001, p. 17-24.
3. Umberto Eco, *Baudoline* (Bert Bakker, Amsterdam 2000).
4. Roland Barthes, 'De dood van de auteur', in *Raster* nr. 17, 1981, p. 38-44, vertaald door Jacq Firmin Vogelaar. Het essay stamt uit 1968.

degene die het verhaal verzonnen heeft. Bij middeleeuwse manuscripten staat vaak de naam van de kopiist vermeld en niet die van de schrijver, aangezien het overschrijven van een tekst als een veel grotere artistieke prestatie werd gezien dan het bedenken ervan. Vaak ook dichtte de middeleeuwse schrijver zijn tekst toe aan zijn opdrachtgever. Bij een product op bestelling was het blijkbaar geen enkel probleem de naam van de geldschieter onder de tekst te zetten.

> IJdelheid en de zucht naar roem waren een middeleeuws dichter natuurlijk niet vreemd. Maar zijn scheppingen waren niet bedoeld als individuele ontboezemingen van een unieke geest. Middeleeuwse literatuur is minder persoonlijk dan hedendaagse – uitzonderingen daargelaten – en om die reden was het vermelden van de auteursnaam simpelweg minder van belang. De auteursnaam als het copyright op de getuigenissen van een innerlijk leven, zoiets kende men niet.[5]

Natuurlijk wordt een tekst wel feitelijk door een of meerdere mensen geschreven, maar het is een hardnekkige mythe dat de woorden op papier nog op de een of andere wijze met de schrijver ervan verbonden zijn. Er is in de tekst geen schrijver meer aanwezig; er zijn geen bedoelingen van de schrijver, er zijn gevoelens noch gedachten. Er is alleen dat wat de tekst oproept en teweegbrengt.

Barthes laat mijns inziens terecht zien dat het concept van de 'auteur' de tekst zelf aan banden legt, doordat je ermee bepaalt dat een tekst eigenlijk maar één echte betekenis kan hebben, namelijk die betekenis die er door de auteur in is gestopt.[6]

Er bestaat een lange traditie van pogingen om deze oermythe van het schrijverschap te ontkrachten, en om dus bij het lezen en schrijven van teksten de schrijver uit te schakelen, de 'dood van de auteur' te bewerkstelligen. Een belangrijke, maar enigszins

5. Joost van Driel, 'Plagiaat in omgekeerde zin; schrijversnamen in de Middeleeuwen', in *Literatuur; magazine over Nederlandse letterkunde* nr. 3, mei 2003, p. 35.
6. Roland Barthes, 'De dood van de auteur', in *Raster* nr. 17, 1981, p. 43.

halfslachtige manier is om te proberen je als schrijver als het ware in de tekst te verstoppen. In de negentiende eeuw zei de Franse romanschrijver Gustave Flaubert als eerste dat de persoonlijkheid van een schrijver niet in de tekst te zien mocht zijn:

> De kunstenaar moet het zo aanpakken dat het nageslacht niet zal geloven dat hij ooit geleefd heeft.[7]

Een goed schrijver is dan weliswaar aanwezig in zijn werk, maar doet net alsof hij er niet is. Deze opvatting over 'de verborgen schrijver'[8] is nog steeds zeer algemeen aanvaard. Het is bij dramaschrijven, en in het bijzonder bij scenarioschrijven gebruikelijk te zeggen dat je bij een goede tekst de schrijver niet ziet.[9] Het gevaar van de strategie van de verborgen schrijver is dat deze het schrijven alleen maar nog ingewikkelder maakt. Het levert weer een extra taak op voor de schrijver:

> Het is een ethos voor de schrijver, geen beschrijving van het schrijven.[10]

De afgelopen decennia zijn er pogingen ondernomen om de auteur werkelijk dood te laten gaan. Hij verbergt zich niet meer, maar sterft. 'Sterven' betekent dan niet een fysieke dood, maar de

7. Geciteerd in: Michael Wood, 'Het sterven van de auteur', inleiding bij zijn boek *The Magician's Doubts; Nabokov & the Risks of Fiction* (Chatto and Windus, Londen 1994). De inleiding is een zeer instructief overzicht van de literaire pogingen om de mythe van de schrijver in de tekst aan te tasten.
8. De titel van het recent verschenen schrijfboek van Ger Beukenkamp, *De verborgen schrijver; Schrijven voor toneel, film en televisie*, (IT&FB, Amsterdam 2003).
9. Daarmee wordt volgens mij impliciet kunstmatigheid van taal of dramatische structuur afgewezen. Dialogen, bijvoorbeeld, horen zo levensecht te zijn dat we vergeten dat ze door iemand zijn bedacht.
10. Michael Wood, 'Het sterven van de auteur', inleiding bij zijn boek *The Magician's doubts; Nabokov & the Risks of Fiction* (Chatto and Windus, Londen 1994).

ontmaskering van de fictie, van de mythe van het concept 'auteur'. Veel van die pogingen zijn we in de loop van dit boek al tegengekomen.

Als een tekst, zoals we die tegenkwamen in hoofdstuk 3, is opgebouwd met direct gebruik van en als reactie op bestaande andere teksten, wie is dan nog de auteur van die tekst? Degene die zijn teksten bij elkaar gejat heeft, diegenen die de gejatte fragmenten hebben schreven, of allen tegelijk? Intertekstualiteit tast direct de mythe van de auteur aan.

Wanneer Roland Barthes zegt dat een tekst niet één stem (van de auteur) heeft, maar talloze stemmen, dan herken je daarin ook het idee van verschillende stemmen als basis voor het schrijven van een monoloog in hoofdstuk 6.

Toneelschrijver Paul Pourveur ziet, analoog aan wat ik in het vorige hoofdstuk schreef, juist in de nieuwe media mogelijkheden om in het schrijfproces afstand te nemen van het concept 'auteur':

> Op internet kan men beweren eender wie te zijn, men kan zelfs van sekse veranderen. Omwille van het virtuele karakter laat internet mensen toe zich van zichzelf te distantiëren. Dit stelt hen in staat om te 'acteren', spontaan te zijn en zich vrij uit te drukken.[11]

Met name door schrijfstrategiën als bijschrijven en het schrijven van interactieve teksten is ook door de nieuwe media een herdefiniëring van de positie van de auteur noodzakelijk. Als ik een computerspel speel, wie is dan de schrijver ervan? Is het de bedenker van de situatie en de personages? Is het de ontwerper van de software en de beelden? Of ben ik het, degene die door zijn spel en zijn keuzes het uiteindelijke verhaal heeft gemaakt?

> De mystieke innerlijkheid van de schrijver, de schrijver die de menselijke ziel wil blootleggen en/of doorboren, verdwijnt –

11. Paul Pourveur, 'Het soortelijk gewicht van Sneeuwwitje', in *Het soortelijk gewicht van Sneeuwwitje; teksten 1985-1995* (Bebuquin, Antwerpen 1996), p. 408.

> en misschien is dit maar goed ook. De schrijver mag niet meer almachtig zijn.[12]

Het is niet eenvoudig om de almacht van de auteur af te breken. In talkshows wordt de schrijver niet alleen gevraagd naar zijn bedoelingen met en dé betekenis van zijn boek, maar wordt ook tot vervelens toe geïnformeerd of het verhaal autobiografisch is. Alsof dat iets over de kwaliteit van de tekst zou zeggen! Ik herinner me de wanhoop van Kader Abdollah, die over zijn nieuwste boek wilde praten, terwijl Hanneke Groenteman in haar programma alleen maar vroeg naar de vluchtelingervaringen van Abdollah zelf.

De dood van de auteur, de ontmaskering van de mythe dat auteur en tekst aan elkaar verbonden zijn, heeft voor schrijvers twee belangrijke gevolgen.

Allereerst zet het het hele idee van *copyright* op de tocht. Bij schrijven voor theater is de discussie over het auteurschap en het copyright al veel langer aan de gang dan bij andere genres. In het essay 'Acteur versus auteur' schrijft de Belgische auteur Stefan Hertmans dat de moderne theatertekst niet als een literair product wordt gezien juist omdat het auteurschap van theaterteksten vaak onduidelijk is.[13] Wanneer ik een stuk schrijf voor een theatergezelschap naar aanleiding van improvisaties van de acteurs, ben ik dan de schrijver, zijn de auteurs dat, of zijn wij dat allen samen?

> Ger Thijs: 'Waar het toen over ging, dat was een uitspraak die gedaan werd, dat het stuk eigenlijk via improvisaties was ontstaan, in tegenstelling tot een stuk dat iemand op een zolderkamertje schrijft.'

12. Paul Pourveur, 'Het soortelijk gewicht van Sneeuwwitje', in *Het soortelijk gewicht van Sneeuwwitje; teksten 1985-1995* (Bebuquin, Antwerpen 1996), p. 413.
13. Stefan Hertmans, *Het putje van Milete; essays* (Meulenhoff, Amsterdam 2002), p. 211-229.

> Judith Herzberg: 'Langzaam kwam er een mythe tot stand alsof ik dat stuk helemaal niet zelf geschreven had. Omdat ik zo doordrongen ben van het belang van acteurs en regisseur, heb ik dat een tijdje zo gelaten. Maar als je op een gegeven moment te horen krijgt dat je het niet eens zelf geschreven hebt, dan gaat me dat net iets te ver.'[14]

Onder andere door de ontwikkelingen met internet is de roep om een herziening van de copyrightregeling groot. Het zal duidelijk zijn dat ik mij geheel schaar achter initiatieven, zoals van dr. Joost Smiers, lector politicologie van de kunsten aan de Hogeschool voor de Kunsten in Utrecht, om het copyright totaal af te schaffen. Smiers laat zien dat er mogelijkheden genoeg zijn om kunstenaars op andere wijze voor hun activiteiten te betalen.[15]

Het is voor mij een verademing een boek open te slaan en te lezen:

> My teaching, if that is the word you want to use, has no copywright. You are free to reproduce, distribute, interpret, misinterpret, distort, garble, do what you like, even claim authorship, without my consent or the permission of anybody.[16]

Een ander belangrijk gevolg van de dood van de auteur is dat het schrijfonderwijs er drastisch door verandert of zou kunnen veranderen. Zoals ik al zei is er een duidelijk verband tussen de auteur die vastzit aan en in zijn eigen tekst en het onvermogen van een schrijver om met kritiek te kunnen omgaan. Als de mythe van

14. Carel Alphenaar, (red.), *De goden van het theater; 22 Nederlandse en Vlaamse toneelschrijvers aan het woord* (Harlekijn, Westbroek 1983), p. 86.
15. Zie onder andere Joost Smiers, *Arts under pressure; Promoting cultural diversity in the age of globalization* (Zed Books, Londen 2003) en 'The Abolition of Copyrights: Better for Artists, Third World Countries and the Public Domain', in: Ruth Towse, *Copyright in the Cultural Industries* (Edward Elgar, Cheltenham 2002), p.119-139.
16. U.G. Krishnamurti, *Mind is a Myth; Disquieting Conversations with the Man Called U.G.* (Dinesh Publications, Goa 1988).

de auteur nog bestaat, wordt kritiek op de tekst altijd persoonlijk genomen en als oordeel ervaren. Het is voor die auteurs dan nauwelijks voorstelbaar dat het heel goed mogelijk is los van de schrijver kwaliteitscriteria aan te leggen voor een tekst, op het gebied van structuur, taal, stijl enzovoort. Zie in onderstaande ideeën van schrijfgoeroe Dorothea Brande bijvoorbeeld hoe de mythe van de auteur kan leiden tot een mijns inziens onproductieve en onprofessionele vorm van feedback en nabespreking:

> Mijn mening is dat de huidige praktijk om teksten van studenten in de klas voor te lezen grote schade aanricht. Die schade wordt niet minder als men de naam van de schrijver daarbij niet noemt. Het oordeel van anderen heeft voor de student zoveel gewicht dat hij er niet met afstand naar kan luisteren, en gevoelige mensen kan het volledig van hun stuk brengen, los van of de reacties van zijn medestudenten positief of negatief uitvallen. Als een beginner door een jury die zelf ook nog eens uit beginners bestaat beoordeeld wordt, komt het sowieso zelden voor dat het oordeel positief is. (...) Totdat de student genoeg zelfvertrouwen heeft ontwikkeld en zelf om openbare kritiek vraagt, moet zijn werk door de docent volstrekt vertrouwelijk behandeld worden.[17]

We zien hier dat de identificatie van de schrijver met zijn tekst blijkbaar zeer nauw verweven is met de omgang met feedback. Het valt op dat waar reacties en feedback bedoeld worden, er door Brande over 'oordelen' gesproken wordt. Ik heb het in mijn schrijflessen altijd een onzinnig idee gevonden om een tekst bij de bespreking te relateren aan de schrijver. Ik ben benieuwd naar de tekst en wat die oproept, maar niet naar degene die hem geschreven heeft. Sterker nog: als de tekst op tafel ligt, is hij van iedereen. Ik hoef niet naar de bedoeling van de schrijver te vragen, want die zit niet in de tekst. Voor je het weet, praten we niet meer over de tekst, maar over hoe de schrijver eigenlijk had gewild dat de tekst geweest zou zijn.

17. Dorothea Brande, *Schriftsteller werden* (Autoren Verlag, Berlijn 2001 (New York 1934)), p. 63. (Vertaling NC.)

Vaak werk je samen met elkaar om een tekst beter te maken. Ik zie regelmatig dat een student moeite heeft om na een bespreking te herschrijven, omdat hij bijvoorbeeld een goed idee niet wil overnemen, aangezien het niet een idee van hemzelf was. Mijn ervaring is dat bijna iedere blokkade, óók bij het herschrijven van teksten, in de eerste plaats stoelt op een overidentificatie van de auteur met zijn of haar tekst.

Er bestaan vele methoden om de identificatie tijdens nabesprekingen en middels oefeningen systematisch af te breken. Zo laat ik studenten samen teksten schrijven of teksten van elkaar herschrijven. Ze merken dan hoe groot hun angst is om op elkaars gebied te komen, op het terrein van andermans denken en andermans ideeën. Een tekst van een ander beter maken lijkt dan snel een oordeel in te houden; herschrijven voelt als 'afpakken' van een tekst.

Door de overidentificatie van een auteur met zijn tekst ontstaan ook vaak wat ik noem 'superego-oordelen'. Met het kind – 'Er is iets mis aan een onderdeel van mijn tekst' – wordt direct het badwater weggegooid, – 'Die hele tekst, het verhaal, de personages, dat is allemaal niks, ik kan helemaal niet schrijven'. De grote macro-oordelen zijn vaak symptomen van de mythe van de auteur. Dat verklaart waarom ik in mijn werkwijze, ook in nabesprekingen en oefeningen, steeds met kleine eenheden werk.

Een adequate manier om de mythe van de auteur af te breken is de superego-oordelen die een auteur tijdens het schrijven over zichzelf en zijn tekst heeft op te laten lossen door de personages zelf. Blokkeer je tijdens het schrijven doordat je steeds denkt: wat een saaie dialoog, laat een van de personages in de dialoog dan zeggen: 'Wat is dit een saai gesprek.' Het is spannend hoe het andere personage hierop zal reageren. Dit is niet onmiddellijk een garantie voor een betere tekst, maar het verlegt het psychologische probleem naar een tekstprobleem.

Om nog eenmaal met Foucault te spreken: het is wel degelijk mogelijk het traditionele beeld dat men van de schrijver heeft te verstoren en de auteur te laten sterven.[18] Toch ligt daarbij een

18. Michel Foucault, *De orde van het spreken* (Boom, Meppel/Amsterdam 1988), p. 49.

nieuw gevaar op de loer. Het concept van de dood van de auteur dreigt een nieuwe mythe te doen postvatten: als de auteur geheel onbelangrijk is, oplost en verdwijnt, kan het schrijven snel gepresenteerd worden als een esoterisch proces, waarbij de auteur een soort medium wordt, een doorgeefluik. De mythe van het schrijven als doorgeefluik vind je vaak in boeken waarin het maken van haiku's wordt beschreven. Deze ultrakorte gedichten kunnen volgens de oude zentraditie alleen geschreven worden door auteurs die zichzelf tijdens het schrijven geheel kunnen wegcijferen.

> The real creators know it perfectly well, that they are not the creators – they were just instrumental, they were mediums. Something happened through them, true, but they are not the doers of it.[19]

Het is inderdaad spannend wat er overblijft of verschijnt wanneer de mythe van de auteur ontkracht is. Op de voltijd schrijfopleiding aan de Hogeschool voor de Kunsten in Utrecht duurt de periode van ontmythologisering van de mythe van de auteur ongeveer twee jaar. Daarna ontwikkelt de schrijver juist een eigen stem, waardoor zijn teksten meer gaan spreken. Het gevaar van de mythe van het doorgeefluik wordt dan ondervangen door wel steeds terugkijkend de stem of stemmen in een tekst te benoemen en technisch te verhelderen, zonder die stemmen te verwarren met de persoon van de schrijver.

Maar inderdaad, de dood van de auteur heeft ook een spiritueel tintje, daar waar het ego van de schrijver zich eerst identificeert met zijn ervaringen en gedachten en met de teksten die hij schrijft, en vervolgens alles probeert om die identificatie te breken, om zoals Bert Schierbeek het zegt, 'het ik aan stukken te slaan'.

Waar is niet wat ik als schrijver wilde zeggen, waar is wat de tekst uiteindelijk oproept. Daarin heeft de Boeddha onbedoeld de enige schrijfwet geformuleerd, die wat mij betreft houdbaar is: 'Waar is wat werkt.'

19. Osho, *Creativity; Unleashing the Forces Within* (St. Martin's Griffin, New York 1999) p. 147.

Maar waarom juist woorden gebruiken voor dat wat de persoonlijkheid overstijgt? Als er íéts onze persoonlijkheid creëert, dan is het wel de taal: de namen die we krijgen, de verhalen die over ons de ronde doen, het eigen levensverhaal dat wij verzinnen en rondbazuinen. Met de dood van de auteur lijkt het gebruik van woorden een paradox te worden, en dat is het ook:

> Schrijven met het besef dat men misschien de volgende stilte niet zal halen. De woorden moeten ontweken worden, net zoals de kogels.[20]

Filosoof Wittgenstein schrijft: 'Waarover men niet spreken kan, daarover moet men zwijgen.' Maar hij zegt het wél. Theaterman Antonin Artaud krijst voortdurend dat alle schrijven gezeik is. Maar hij schrijft het wél, in twintig delen verzameld werk.

De Indiase mysticus Ramakrishna heeft deze paradox opgelost. Hij zei dat een doorn in de huid eruit gehaald kan worden met een andere doorn. Als de doorn uit de huid is, gooi je beide doornen weg. Het woord is de doorn.

20. Paul Pourveur, 'Het soortelijk gewicht van Sneeuwwitje', in *Het soortelijk gewicht van Sneeuwwitje; teksten 1985-1995* (Bebuquin, Antwerpen 1996), p. 408.

Tussenscène – *Oom Hein leert zijn neefje schrijven* (4)

(Oom Hein ligt op sterven. Jan zit aan zijn bed.
De kamer en het bed zijn bezaaid met papieren.
Ze schrijven samen.
Het lijkt op de sterfscène van Mozart, met zijn concurrent Salieri aan zijn bed, uit de film Amadeus.*)*

OOM HEIN:
Schrijf op
'Geen schrijver overleeft
de geboorte van zijn tekst.'

(Oom Hein hoest verschrikkelijk.)

JAN:
Gaat het, oom Hein?

OOM HEIN *(ijlend):*
Ik heb een appartement op de Keizersgracht gehad
en een hofje in de Jordaan
Vlak bij dat hofje ligt een sombere brug
Onder die brug klotst het water
Als je je eenzaam voelt
word je daar erg treurig van
(Jan schrijft. Oom Hein zingt zacht een lied van Elton John.)
'You can tell anybody
This is your song'
(Oom Hein hoest verschrikkelijk.)
Ik heb het koud
Ramen dicht!
Deur dicht!
Vind jij mij een lastige oude man?

JAN:
Nee, oom.

OOM HEIN:
Is dit nu het einde?
Loopt het zo met een schrijver af?
Blijft er dan niets over?
Het lijkt alsof ik niet goed meer kan meekomen
alsof ik tegen de wind in moet schrijven.
Het is net alsof ze tegenwoordig anders schrijven
alsof alles wat ik ervan weet
door hen allang vergeten is
Ik heb mannen beschreven uit de dageraad der mensheid
Ik schreef een vrouw die voorbijschreed alsof ze nooit zou sterven
In een kleine alinea
– het speelde in Praag –
heb ik schuin tegen de berg op naar het slot
God gezien
Schrijf op:
'Ieder woord is mijn laatste, is mijn dood'
Remco Campert
Begrijp je?

JAN:
Zal ik de dokter halen?

OOM HEIN:
Je begrijpt me niet
Iedere zin die je schrijft moet de laatste kunnen zijn
Schrijf de scène zo
Dat het doek kan vallen
wanneer het doek dat wil

(Jan huilt.)

OOM HEIN:
Nee jongen

dat is niet de manier
Iedere dood is ook een opluchting
Dat is de dubbelheid
Dat is het drama
Moe
dat woord
dat is het
Ik ben niet bang voor de dood
wel voor het sterven
Het een is een staat
het ander een moment
Het moment is het drama
Een moment begrijp je
Een moment

JAN:
Dank u voor de lessen

OOM HEIN:
Je denkt dat je zegt wat je meent dat je weet
maar je indoctrineert
Je denkt je geeft vorm
maar uiteindelijk geef je altijd weer les
altijd weer les

JAN:
Schrijven is een gesprek
een ontmoeting

OOM HEIN *(vermoeid)*:
Vreemd dat het *ont*moeting heet
terwijl het moeten is
Ieder gesprek een taak
Iedere oogopslag een verantwoordelijkheid
Op een dag wordt elke wijzende vinger
een opgeheven vinger
elk inzicht een dominee
Uiteindelijk wordt iedere opgeheven vinger overvallen

door de kramp van de reuma
of de alzheimer
De opgeheven vinger trekt krom met de tijd
en krommer en krommer
en wijst uiteindelijk alleen nog maar naar zichzelf

(Oom Hein hoest verschrikkelijk.)

JAN:
Ik heb zoveel geleerd.

OOM HEIN:
Het was allemaal onzin Jan
Je moet het me niet kwalijk nemen
Ik heb de begrippen ter plekke verzonnen
Dan was je tenminste even gerustgesteld
doordat je dan denkt
dat er systeem zit in de chaos
Of juist dat je dacht
ingewijd te worden in een groot geheim
Is de theorie uiteindelijk niet net zo'n mythe
als talent of genialiteit
als de mythe dat het niet te leren valt?
Maar het is eigenlijk maar een spel
Weet je Jan
schrijven lijkt op schaken
het lijkt tóch op schaken
Zetje per zetje per zetje
Koning E3
of Dame A4
Uiteindelijk is het geen geheim
uiteindelijk is het allemaal onzin
Daarom vind ik het
geloof ik zo leuk

(Oom Hein hoest verschrikkelijk.
Het is duidelijk dat hij achteruitgaat.
Jan moet zich over hem heen buigen om hem nog te verstaan)

OOM HEIN:
Verbrand de formule
De wereld is er nog niet klaar voor

JAN:
Welke formule?
Zeg het, oom Hein
Verklap me het geheim van de schrijver

OOM HEIN:
Verbrand de formule
De wereld is er klaar voor

(Oom Hein zakt weg.)

JAN:
Oom?
Niet weggaan
Oom?

OOM HEIN *(praktisch onverstaanbaar fluisterend)*:
Hoor je?

JAN:
Wat?

OOM HEIN:
'Verachtet mir die Meister nicht'
Dit is Wagners slotlied

JAN:
Die Meistersinger von Nürnberg
Opera van Wagner

OOM HEIN:
'Minacht niet uw meesters'
Wat heb ik gedaan?

JAN:
U hebt me alles geleerd
'Waar is wat werkt'

OOM HEIN:
Boeddha
dat zegt de Boeddha
Maar hij zegt ook...

(hoest nog een keer verschrikkelijk; dan zegt hij heel zacht en langzaam)

Als je op je weg
een meester tegenkomt
Kill him

(Oom Hein pakt met zijn uitgemergelde handen de beschreven papieren.
Hij leeft nog één keer op.
Hij praat nu tegen het papier.)

OOM HEIN:
Nee, nee, geen leven
Waarom leeft een hond een paard en rat en jij niet?
Nooit nooit nooit

(tegen Jan)

Maak deze knoop los
Dank je Jan

(zwaaiend met de tekst)

Zie je dit Jan?
Kijk niet naar mij
Kijk naar de tekst
Kijk
het ritme

de woorden
de klank
Kijk daar, kijk daar!

(Oom Hein sterft.
Jan sluit de ogen van oom Hein.
Hij pakt de tekst en leest)

JAN:
'... je moet verder, ik kan niet verder, je moet verder, ik ga verder,
je moet woorden zeggen, zolang er woorden zijn,
tot de woorden mij vinden, tot ze mij zeggen:
vreemde pijn, vreemde zonde,
misschien is het al gebeurd, misschien hebben ze mij al gezegd,
misschien hebben ze mij tot aan de drempel van mijn verhaal gedragen, tot voor de deur die op mijn eigen verhaal uitkomt,
dat zou me verbazen, als hij opengaat,
het zal ik zijn, het zal de stilte zijn, waar ik ben,
ik weet het niet, ik zal het nooit weten, in de stilte weet je het niet,
je moet verder, ik kan niet verder, ik ga verder.'

Opleidingen en literatuur

> Conservatoria en academies. Omdat iedereen een brief kan schrijven, lijkt schrijven makkelijker dan componeren of schilderen. Dit gemak is het gevaar dat afgeleerd moet worden. De schrijver moet even veel afleren als zijn collega's moeten aanleren; en afleren is moeilijker dan aanleren omdat er geen opleiding voor bestaat: iedere schrijver moet zorgen voor zijn eigen 'afleiding'. (Daarom zijn er minder schrijvers dan schilders.)
>
> Iedereen schrijft met groter gemak dan de schrijver. Schrijven is iets dat moeilijker wordt. De dag komt dat het onmogelijk is geworden. Reikhalzend ziet de schrijver uit naar die dag van het volstrekte meesterschap.[1]

De laatste tien jaar zijn er in Nederland eindelijk enkele schrijfopleidingen gekomen, waarvan een drietal zelfs binnen het hoger beroepsonderwijs. Aan de faculteit theater van de Hogeschool voor de Kunsten in Utrecht bestaat een vierjarige voltijd opleiding, die naast dramaschrijven ook ruimte biedt voor scenario, proza en poëzie. Aan de Film- en Televisieacademie in Amsterdam bestaat een tweejarig traject scenarioschrijven en ook de Rietveldacademie in Amsterdam kent een specialisme schrijven.

Verder zijn er nog een tweejarige scenarioschrijfopleiding aan de Scriptstudio, een post-hbo-traject voor scenarioschrijven aan het Bingerinstituut, en de Schrijversschool (voorheen 't Colofon), alle in Amsterdam. In België bestaat voor toneelschrijven bij het RITS, de theaterafdeling van de Erasmushogeschool in Brussel, een opleiding onder leiding van schrijver Paul Pourveur, en voor scenarioschrijven de Vlaamse Script Academie.

Veel van deze opleidingen en cursussen staan nog onder invloed van de *creative writing*-manier zoals die is ontwikkeld in de Verenigde Staten. Die manier kenmerkt zich door zeer traditio-

1. Harry Mulisch, *Voer voor psychologen* (De Bezige Bij, Amsterdam 2001 (1961)), p. 81.

nele opvattingen over literatuur en teksten, en een didactiek waarbij men veel werkt vanuit macro naar micro, dus vanuit personage en plot naar taal toe.

Zowel in Nederland als daarbuiten valt op dat een onevenredig groot deel van de schrijfopleidingen specifiek dramaschrijven doceert. Het is mogelijk, juist omdat een dramatekst een halfproduct is dat nog moet worden uitgevoerd, dat er voor drama veel meer regels, wetten en daarmee ook didactieken zijn ontwikkeld.

Er ontstaan op dit moment in Europa enkele initiatieven voor opleidingen die heel andere ideeën over schrijven en teksten willen doceren. Deze opleidingen worden veelal geleid door bekende, vernieuwende schrijvers, zoals Alessandro Barrico (Turijn), Dave Eggers (San Franscisco) en toneelschrijver Paul Pourveur (Brussel). In Parijs is er het opleidingsinstituut Aleph, waar de dood van de auteur tot het uiterste wordt doorgevoerd en de leerlingen geen schrijvers maar schrijvenden heten.

Desondanks bestaan er in Europa weinig meerjarige schrijfopleidingen. Aan de Hochschule der Künste in Berlijn bestaat de driejarige opleiding *Szenisches Schreiben.* Traditioneel, erg beschouwend, maar gedegen en bijzonder gedreven geleid door schrijver en wetenschapper prof. Jürgen Hoffmann. In het Engelse Dartington is er de veel experimentelere, eveneens driejarige opleiding *Writing for Performance.* Nadeel van deze opleiding is dat er relatief weinig ambachtelijkheid en techniek worden overgedragen.

De hoeveelheid literatuur over schrijven is de laatste vijftien jaar explosief toegenomen. Ook daarvan gaat een opvallend deel over dramaschrijven: toneel of scenario. Veel literatuur over schrijven gaat uit van dezelfde theorieën en ideeën, waarbij vaak verbijsterend weinig aandacht wordt besteed aan de werking van het schrijfproces.

Het valt me op dat schrijvers en schrijfdocenten zich heel weinig verhouden tot ideeën, theorieën en literatuur die er op het gebied van schrijven bestaat. Als schrijver of schrijver in spe lijkt het een zwaktebod om literatuur over schrijven te bestuderen.

Hieronder noem ik honderd publicaties over schrijven. Deze

lijst valt overigens niet samen met de publicaties waarnaar in de noten verwezen is. Elke titel op deze lijst is voorzien van drie kenmerken:

– Een genreaanduiding, onder te verdelen in:
  A = algemeen
  P = proza
  T = toneel
  S = scenario
  G = gedichten (poëzie)
  N = non-fictie

– Een soortaanduiding, onder te verdelen in:

1. De traditionele schrijfboeken, waarin de schrijver uitlegt hoe een goede tekst in elkaar zit, in de hoop dat de lezer die dan daarna kan schrijven. Hoewel deze theorie didactisch niet verantwoord is, kunnen deze boeken nuttige analysestof opleveren. Goede voorbeelden zijn Rib Davis, *Writing Dialogue for scripts* en David Lodge, *The Art Of Fiction.*
   De Nederlandse boeken binnen deze categorie zijn niet slecht, maar vertellen in feite bestaande buitenlandse theorie na. Dat is zowel het geval bij proza (zoals *Het Prozaboek* van Bert Jansen en Pim Wiersinga en *Het geheim van de schrijver* van Renate Dorrestein), als bij drama (*De verborgen schrijver* van Ger Beukenkamp en het *Handboek scenarioschrijvers* van Patrick Cattrysse). Wanneer dat door een goed schrijver gebeurt, die met aanstekelijke voorbeelden schrijft over zijn eigen schrijfproces, kunnen dat soort boeken nuttig zijn.
   Ondercategorie 1A bestaat uit boeken waarin wordt gezocht naar de achterliggende structuur van verhalen en dramatische situaties. De didactiek van deze boeken richt zich eerder op inhoud en verhaalstructuren dan op technische en ambachtelijke aspecten van het schrijven. Goede voorbeelden van deze categorie zijn de boeken van James Bonnet, *Stealing Fire from the Gods*, en Georges Polti, *The Thirty-Six Dramatic Situations.*
2. De tweede categorie kenmerkt zich door (veel) losse schrijfoefeningen, die erop gericht zijn de lezer aan het schrijven te

krijgen. De oefeningen gaan zelden over grotere eenheden en nooit over herschrijven. Het zijn dus eigenlijk beginnersoefeningen. De oefeningen kunnen zeker nuttig zijn voor het ontwikkelen van de zintuiglijkheid. Het boek van Anne Bernays en Pamela Painter, *What if? Writing Exercises for Fiction Writers*, staat in dit opzicht op eenzame hoogte.

3. Boeken over het schrijfproces, die zich verdiepen in hoe een schrijver verder kan komen. Vaak zijn het beschrijvingen van workshops. De boeken van Wright over dramaschrijven, *Playwriting in Process* en *Playwriting Master Class*, zijn in dat opzicht zeer instructief. Wright ziet het schrijven als een spel, waardoor er een lichte toon ontstaat, die ontmythologiserend werkt.
   In deze categorie onderscheid ik twee ondercategorieën:
   3A. Boeken waarin een of meer schrijvers aan het woord zijn over hun manier van werken zonder dat het verder leerboeken zijn.
   3B. Publicaties waarin het proces van niet-traditionele schrijfopvattingen uiteen wordt gezet, zoals in Paul Castagno, *New Playwriting Strategies; A Language-Based Approach to Playwriting.*
4. Boeken over attitude, de houding die de schrijver moet hebben. Nathalie Goldberg vraagt ons elke ochtend voor de spiegel te gaan staan en hardop te zeggen: 'I am a writer.' Het oerboek in deze categorie is het vaak herdrukte *Schriftsteller werden* van Dorothea Brande, uit 1934. Absolute aanrader is het doldwaze en toch leerzame *Zen in the Art of Writing* van Ray Bradbury.
   Bij een aantal van deze boeken wordt schrijven middel en persoonlijke ontwikkeling het doel. In sommige gevallen leidt dat tot een soort zelfhulpboeken (categorie 4A); in andere gevallen hoort het bij de tekstsoort, bijvoorbeeld haiku (categorie 4B).
5. Boeken over taaltheorie en schrijftheorie, en over methoden om anderen schrijven te leren.

– Een beoordeling binnen zijn categorie door middel van sterren, waarbij geldt:
* = slecht
** = matig
*** = gemiddeld
**** = goed
***** = onmiddellijk kopen!

Alphenaar, Carel e.a. (red.), *De goden van het theater; 22 Nederlandse en Vlaamse toneelschrijvers aan het woord*, Harlekijn, Westbroek 1983
T 3A ***

Alterman, Glenn, *Creating Your Own Monologue*, Allworth Press, Portland 1999
T/S 3 ***

Altemöller, Eva-Maria, *Schreiben ist Gold; wie Sie zu den Geschichten finden, die Sie immer schon schreiben wollten*, Coppenrath, Münster 1998
P 2 ***

Bakelen, Maria van (red.), 'Toneelschrijven – kunst of kunde', themanummer van *Theater & Educatie*, jrg. 8, nr. 2 2002
T 3 ***

Bakker, Jaap, *Rijmhandboek; praktische gids voor het schrijven van gedichten en liedjes*, Bert Bakker, Amsterdam 1998
G 1 **

Bernays, Anne en Painter, Pamela, *What if? Writing Exercises for Fiction Writers*, Harper Collins College Publishers, New York 1995
P 2 ****

Beukenkamp, Ger, *De verborgen schrijver; schrijven voor toneel, film, en televisie*, IT&FB, Amsterdam 2003
T S 1 3 ***

Bokhoven, Cocky van, *Je weet niet wat je schrijft*, Stichting Schrijven, Amsterdam 1999
T 3 5 ***

Bonnet, James, *Stealing Fire from the Gods; a Dynamic New Story Model for Writers and Filmmakers*, Michael Wiese Productions, Studio City 1999
P T S 1A ****

Bouma, Mieke, *Dramaschrijven*, Losbladig handboek Amateurtheater, Nederlands Centrum voor het Amateurtoneel, Augustus 1996, C5000 1-35
T 1 ****

Bradbury, Ray, *Zen in the Art of Writing; Releasing the Creative Genius within You*, Bantam Books, New York 1992 (1990)
A 4 *****

Brande, Dorothea, *Schriftsteller werden*, Autoren Verlag, Berlijn 2001 (New York 1934)
A 4 ***

Byrne, John, *Writing Comedy*, A&C Black, Londen 1999
S 1 ***

Caldwell, Sara & Kielson, Marie-Eve, *So You Want to be a Screenwriter; How to Face the Fears and Take the Risks*, Allworth Press, New York 2000
S 4 ***

Cameron, Julia, *Je leven schrijven; een meditatieve weg tot zelfkennis*, Ankh-Hermes, Deventer 2001 (1998)
A 4A **

Carter, David, *Teach yourself; How to Write a Play*, Lincolnwood, Illinois 1998
T S 1 **

Cassady, Marsh, *Characters in action; Playwriting the Easy Way*, Meriwether Colorado Springs, Colorado 1995
T 1 ***

Castagno, Paul C., *New Playwriting Strategies; a Language-Based Approach to Playwriting*, Routledge, New York 2001
T 3B 5 *****

Cattrysse, Patrick, *Handboek scenarioschrijven*, Garant, Leuven/Apeldoorn 1995
S 1 ***

Chapman, Gerald, *Teaching Young Playwrights*, Heinemann Portsmouth, New Hampshire 1991
T 3 ****

Cixous, Hélene, *Coming to Writing and Other Essays*, Harvard University Press, Cambridge 1991
A 5 *****

Dancyger, Ken & Rush, Jeff, *Alternative Scriptwriting; Writing beyond the Rules*, Focal Press, Boston/Londen 1991
S 3B ****

Dancyger, Ken, *Broadcast Writing*, Focal Press, Boston/Londen 1991
S 1 ***

Davis, Rib, *Writing Dialogue for Scripts*, A&C Black, Londen 1999 (2)
T S 1 ****

Dorrestein, Renate, *Het geheim van de schrijver*, Contact, Antwerpen/Amsterdam 2000
P 1 3A **

Downs, William Missouri & Wright, Lou Anne, *Playwriting from Formula to Form; a Guide to Writing a Play*, Harcourt Brace College Publishers, Orlando 1998
T 1 3 ****

Duijnhoven, Peet van, *Eerst het verhaal; schrijfimprovisaties voor filmmakers*, Stichting Beeldende Amateurkunst, Utrecht 1998
T S 2 **

D'Vari, Marisa, *Magic Script; Subconscious Techniques to Conquer Writer's Block*, Michael Wiese Productions, Studio City 2000
A 4 ***

Egri, Lajos, *The Art of Dramatic Writing*, Simon & Schuster, New York 1960 (1946)
T 1 ****

Eijk, Inez en Warries, Egbert, *Eekhoorntje op lange weg; over het schrijven van verhalen en ander proza*, Contact, Amsterdam/Antwerpen 1999
P N 1 **

Elbow, Peter, *Writing Without Teachers*, Oxford University Press, New York 1973
A 3 4 5 ****

Flower, Linda, *Problem-Solving Strategies for Writing*, Harcourt Brace Jovanovich, San Diego 1989 (1981)
N 5 ***

Forster, E.M., *Aspects of the Novel*, Atlanta Publishers & Distributors, Atlanta 2000 (1927)
P 1 ***

Franklin, Jon, *Writing for Story; Craft Secrets of Dramatic Nonfiction by a Two-Time Pullitzer Prize Winner*, Penguin Books, New York 1994 (1986)
N 1 ***

Franssen, José, *Dichter bij Jan Hanlo dichten; een cursus lezen en schrijven van gedichten*, Van Arkel, Utrecht 1998
G 3 *

Freije, Aly en Christophe, Nirav (red.), *Er staat wat er staat; ideeën over schrijfdidactiek*, Stichting Lift/Hogeschool voor de Kunsten Utrecht, Amsterdam/Utrecht 1996
P D G 3 ***

Gallico, Paul, *Confessions of a Story-teller; Paul Gallico Unlocks the Secrets of a Writer's Mind*, Penguin Books, Middlesex 1961
P 1 3A **

Garand, Timothy, *Writing for Multimedia*, Focal Press, Boston 1997
S P 1 ***

Gardner, John, *De kunst van het schrijven; een praktische handleiding*, Contact, Amsterdam 1991 (1984)
P 1 3 ***

Geel, Rudolf, *Volmaakte schrijvers schrijven niet; over het scheppingsproces van literaire en andere teksten*, Amsterdam University Press, Amsterdam 1995
P N 1 5 ***

Gesing, Fritz, *Kreativ schreiben; Handwerk und Techniken des Erzählens*, DuMont Verlag, Keulen 2000 (1994)
P 1 3 ****

Ghoose, Zulfikar, *The Art of Creating Fiction*, Macmillan Academic and Professional LTD, Londen 1991
P 3 **

Goldberg, Natalie, *Zen en de kunst van het creatief schrijven*, Becht, Haarlem 2000 (vertaling van *Writing down the Bones; Freeing the Writer Within*, Shambhala, Boston/Londen 1986)
A 4 ***

Goldberg, Nathalie, *Living the Writer's Life*, Bantam Books, New York 1990
A 4 **

Gooch, Steve, *Writing a Play*, A&C Black, Londen 1988
T 1 3 **

Groen, Per, *Van idee tot verhaal; basiscursus prozaschrijven: cursistenboek*, Bekadidakt, Baarn 1990
P 1 2 **

Herzberg, Judith, *Over het schrijven van gedichten en het praten erover*, Bzztôh, Den Haag 1989 (1977)
G 3A ***

Highsmith, Patricia, *Hoe schrijf ik een spannend boek*, Arbeiderspers, Amsterdam 1985
P 1 3A ***

Hjortshoj, Keith, *Understanding Writing Blocks*, Oxford University Press, New York/Oxford 2001
N P 5 ***

Hull, Raymond, *How to Write a Play*, Writer's Digest Books, Cincinatti Ohio 1983
T 1 ***

Hülsenbeck, Claire, *Dertien lessen voor beginnende schrijvers* (behorend bij Rhett Foley, *Het gereedschap*), Gottmer, Bloemendaal 1997
P 2 *

Jansen, Bert & Wiersinga, Pim, *Het prozaboek*, Meulenhoff/Stichting Schrijven, Amsterdam 2000
P 1 ***

Kemmerzell, Anja & Laudan, Else (red.), *Das Wort zum Mord; wie schreibe Ich einen Krimi?*, Argument/Ariadne, Hamburg 1999
P 1 ***

Knight, Damon, *Hoe schrijf ik een goed verhaal*, Het Spectrum, Utrecht 1985
P 1 ***

Krupp, Ute-Christine en Janssen, Ulrike (red.), *Zuerst bin Ich immer Leser; Prosa schreiben heute*, Suhrkamp, Frankfurt am Main 2000
P 15 ****

Lindemann, Erika, *A Rhetoric for Writing Teachers*, Oxford University Press, New York/Oxford 1982
A 5 ***

Lodge, David, *The Art of Fiction*, Viking/Penguin Books, New York 1993
P 1 ****

Lyklama, Kirsten, *Verwoorden; een onderzoek naar het schrijfproces en de werking van theatertaal*, afstudeerscriptie DOCENT DRAMATISCHE VORMING, Arnhem 2002
T 3 ***

Müller, Else, *Wenn die Kraniche Ostwärts ziehen; Haiku-Meditationen und Kreatives Schreiben*, Kösel, München 1999
G 4B ***

Müller-Mees, Elke, *Der neue Verseschmied für Hobbydichter*, Urania, Berlijn 2001
G 2 **

Newman, Jenny, Cusick, Edmund & La Tourette, Aileen, *The Writer's Workbook*, Arnold Publishers, Londen 2000
A 12 ***

Peypers, Ankie & Van Dorp, Kathinka, *Handboek voor het schrijven van gedichten*, Stichting IVIO, Lelystad 1996
G 3 **

Plimpton, George, *Playwrights at Work*, The Modern Library, New York 2000
T 3A ****

Pluijm, Cees van der, *Schrijven van gedichten en verhalen*, Teleac, Hilversum 1998
G P 1 ***

Polet, Sybren, *De creatieve factor; kleine kritiek der creatieve (on)rede*, Wereldbibliotheek, Amsterdam 1996 (1993)
A 5 *****

Polti, Georges, *The Thirty-Six Dramatic Situations*, The Writer Inc., Boston 1977 (1900)
T S 1A ***

P. Drs., *Versvormen; leesbaar handboek*, De Stiel, Nijmegen 2000
G 1 ****

Portnoy, Kenneth, *Screen Adaptation; a Scriptwriting Handbook*, Focal Press, Boston/Londen 1991
S 1 ***

Pos, W.Ph., *Dramaturgische verkenningen*, Wereldbibliotheek, Amsterdam 1956
T 1 ***

Pourveur, Paul, 'Over het verleden en geheugenverlies', lezing voor het theaterfestival 1997, in Programmaboek *De Tijd speelt Vaders en zonen en Noorderlicht van Paul Pourveur*
T 3 5 ****

Pourveur, Paul 'Het soortelijk gewicht van Sneeuwwitje', in *Het soortelijk gewicht van Sneeuwwitje; teksten 1985-1995*, Bebuquin, Antwerpen 1996, p. 387-414
T 3 5 *****

Price, Allison, *Schrijf het van je áf! Analyseer en verander je manier van leven*, Bzztôh, Den Haag 1999
A 4A **

Reesinck, Bert, *Hoe schrijf ik een succesroman*, Sdu Uitgevers, Den Haag 2000
P 1 *

Reesinck, Bert, *Schrijven voor je plezier; een boek voor wie van schrijven wil genieten*, Sdu Uitgevers, Den Haag 1996
A 1 *

Rekulak, Jason, *The Writer's Block; 786 Ideas to Jump-Start Your Imagination*, Running Press, Philadelphia/Londen 2001
A 2 ***

Reve, Gerard, *Zelf schrijver worden*, Nijhoff, Leiden 1986
P 1 3A ****

Rico, Gabriele, *Garantiert schreiben lernen; sprachliche Kreativität methodisch entwicklen – ein Intensivkurs auf der Grundlage der modernen Gehirnforschung*, Rowohlt, Reinbeck bei Hamburg 2000 (1983)
A 3 5 ****

Roelofs, Ardi (samenstelling) e.a., *Schrijven leren: ambacht, vorming of kunst*, Katernen Kunsteducatie, LOKV, Utrecht 1994
A 3 5 ***

Rooyackers, Paul & Rooyackers, Bor & Mende, Liesbeth, *Honderd dialogen; nieuwe theaterteksten voor iedereen vanaf 12 jaar*, Panta Rhei, Katwijk 2002
T 2 ***

Rosenboom, Thomas, *Aanvallend spel; vier lezingen over schrijven*, Querido, Amsterdam 2002
P 1 3A ***

Saks, Sol, *Funny Business; the Craft of Comedy Writing*, Lone Eagle, Los Angeles 1991 (1985)
S 1 ***

Schulte-Steinicke, Barbara, *Bilder werden Worte; Wirkungen und pädagogische Einsatzmöglichkeiten des kreativen Schreiben*, Schibri-Verlag, Berlijn 2000
A 5 ***

Sebille, Will van, *De muze zit aan; werkboek voor schrijfgroepen*, Stichting Schrijven, Amsterdam 1997
A 2 3 ***

Seger, Linda, *The Art of Adaptation; Turning Fact and Fiction into Film*, Henry Holt and Company, New York 1992
S 1 3 ***

Seidman, Michael, *The Complete Guide to Editing Your Fiction*, Writer's Digest Books, Cincinnati 2000
P 1 3 ****

Shamas, Laura, *Playwriting for Theater, Film and Television*, Betterway, White Hall, Virginia 1991
T S 1 3 ***

Sklar, Daniel Judah, *Playmaking; Children Writing & Performing Their Own Plays*, Teachers & Writers Collaborative, New York 1991
T 3 ****

Spencer, Stuart, *The Playwright's Guidebook; an Insightful Primer on the Art of Dramatic Writing*, Faber & Faber, New York/Londen 2002
T 3 ***

Strand, Clark, *Zaden van een berk; het dichten van haiku en de geestelijke reis*, Elmar, Rijswijk 1998
G 4B ***

Straub, Manuel, *Het toneelstuk*, Nederlands Centrum voor het Amateurtoneel, Maarsen 1969
T 1 ***

Sweet, Jeffrey, *The Dramatist's Toolkit; the Craft of the working Playwright*, Heinemann, Portsmouth 1993
T 1 **

Vorhaus, John, *The Comic Toolbox; How to be Funny even if You're Not*, Silman-James Press, Los Angeles 1994
S T 1 3 ***

Wilmink, Willem, *In de keuken van de muze; de gehele schriftelijke cursus dichten*, Bert Bakker, Amsterdam 1991 (1983)
G 1 ***

Wright, Michael, *Playwriting in Process; Thinking and Working Theatrically*, Heinemann, Portsmouth 1997
T 3 *****

Wright, Michael, *Playwriting Master Class; the Personality of Process and the Art of Rewriting*, Heinemann, Portsmouth 2000
T 3 *****

Yeger, Sheila, *The Sound of One Hand Clapping; a Guide For Writing Theatre*, Amber Lane Press, Oxford 1990
T 3 ****

Ziegler, Alan, *The Writing Workshop vol. 1*, Teachers & Writers, New York 1981
P G 5 ****

De Hogeschool voor de Kunsten in Utrecht stelde me in 1992 in staat een vierjarige hbo-schrijfopleiding op te zetten, waardoor ik alle gelegenheid kreeg om een samenhangende schrijfdidactiek te 'verzinnen' en uit te proberen.

Mijn stellige overtuiging daarbij was dat kunst, wetenschap en overdracht innig verbonden zouden moeten zijn. Een schrijver is óók onderzoeker en óók docent en óók organisator en óók bestuurder, vond ik, en de HKU gaf me op al deze gebieden de ruimte, al lachten de managementtrainers mij om deze megalomane houding hartelijk uit.

De laatste jaren heeft de HKU me ook de mogelijkheid geboden als lector mijn bevindingen op het gebied van schrijfprocessen en schrijfdidactieken te boek te stellen. Redacteur Sander van Vlerken heeft dat proces bevlogen en geduldig begeleid.

Speciale dank gaat uit naar Hubert Roza, het huidige hoofd van de Utrechtse schrijfopleiding, die de afgelopen tien jaar voortdurend met mij samen theorie en didactiek van het schrijven ontwikkelde, beproefde, bijstelde en verwierp.

De samen met hem en Mieke Bouma ontwikkelde teksten voor een cd-rom over dramaschrijven vormden de basis voor enkele paragrafen in dit boek.